Peter Heinrichs

ICH LIEBE MICH

Peter Heinrichs

ICH LIEBE MICH

Mit Leidenschaft zum Erfolg
Aufgezeichnet von Dieter H. Wirtz

Edition
Fackelträger

Hinweis. Nicht jeder steht gerne im Licht der Öffentlichkeit. Deshalb sind in dem vorliegenden Buch die Namen »Karl Müller« und »Karla Müller« Synonyme, die verwendet werden, um das Recht der betreffenden Personen auf ihre Privatsphäre zu wahren.

FSC
Mix
Produktgruppe aus vorbildlich bewirtschafteten Wäldern und anderen kontrollierten Herkünften

Zert.-Nr. GFA-COC-001278
www.fsc.org
© 1996 Forest Stewardship Council

Die Abbildungen im Innenteil des Buches stammen aus dem Privatbesitz von Peter Heinrichs, mit Ausnahme von:
Bundesarchiv Koblenz, Sig. B 145 Bild-P008041: S. 39;
Kurt Eggemann: S. 26, 123, 125, 200, 210;
Marcus Hofmann: S. 252/253; Keystone, Hamburg: S. 41; Georg Pohl: S. 164;
Susanne Strotmann: Frontispiz, S. 91, 131, 133, 134, 154, 206, 246

Satz: Bild1Druck GmbH, Berlin
Gesamtherstellung: VEMAG Verlags- und Medien AG, Köln
Printed in EU

ISBN 978-3-7716-4454-3

www.fackelträger-verlag.de

Für meine Frau Gertrud, ohne die mein Erfolg und der des Unternehmens ›Peter Heinrichs‹ nicht denkbar wäre, für meine Kinder Tanja (mit Ingo), Petra und Sandra (mit Andreas) und deren Kinder, nicht zu vergessen für meine Mitarbeiter, die mit viel Einsatz bei der Sache und mir über die Jahre liebgeworden sind – und, in memoriam, für meinen Vater.

Inhalt

Vor Peter sind sie alle gleich

Geleitwort von Horst Lichter

Es ist mehr als zwanzig Jahre her, dass ich Peter Heinrichs zum ersten Mal traf und ihm von meinem großen Traum erzählte. Ich wollte einen Laden eröffnen, in dem es alles gibt, was ich liebe: Essen und Trinken, alte Motorräder und Autos, Gespräche, Menschlichkeit und schöne alte Dinge. Peter war einer der wenigen, der mich nicht von meiner Idee, die zugegebenermaßen ein wenig verrückt klang, abbringen wollte. Im Gegenteil – er machte mir Mut: »Wenn du dat wirklich willst, Jung, dann schaffste dat auch.« Peter sollte Recht behalten. Und ich bin ihm heute noch dankbar für diese frühe moralische Unterstützung.

Und Peter wusste, wovon er sprach, aber das konnte ich damals noch nicht wissen. Denn für ihn selbst war so etwas wie ein Lebenstraum in Erfüllung gegangen. Er war gerade dreißig Jahre alt, als er eine selbst aufgebaute Firma verkauft hatte und praktisch in Rente gehen konnte. Konnte, aber nicht wirklich wollte. Schnell merkte Peter, wie langweilig ein Leben im Paradies sein kann – und er hatte eine ganz bestimmte Vorstellung von seiner nahen Zukunft: ein kleines Pfeifengeschäft mitten in Köln zu eröffnen, verbunden mit einem Traum: irgendwann das interessanteste Pfeifen-und-Cigarren-Geschäft der Welt zu besitzen. Hätte Peter mich damals gefragt, ich hätte bestimmt zu ihm gesagt: »Wenn du dat wirklich willst ...«

Inzwischen hat das kleine Kölner Pfeifengeschäft längst Geschwister bekommen, und alle sind bestens geraten. Und dann kam 1994 noch diese wunderschöne Außenstelle ›Château Henri‹ in Bergheim-Niederaußem dazu: ein an sieben Tagen der Woche geöffneter Genusstempel, wie ich ihn mir schöner kaum vorstellen kann. Wenn Sie mal einen Tag Urlaub vom Alltag machen möchten, müssen Sie da hin. Die Atmosphäre ist ein Traum. Aber das ist sie zweifelsohne in allen Geschäften von Peter Heinrichs.

Dem ungekrönten Pfeifen- und Cigarrenkönig von Köln ist etwas gelungen, was heute selten geworden ist: Er hat den Charme der Tante-Emma-Läden in die heutige Zeit gerettet. Wer eines seiner Geschäfte betritt, ist ein willkommener Gast, nie einer, der nur Geld dalässt. Man nimmt sich Zeit für den Kunden und hört zu. So wie früher. Und eines kann ich aus eigener Erfahrung bestätigen: Peter kann sehr gut zuhören. Er gibt einem nie das Gefühl, dass man etwas kaufen muss, und er ist, ganz nebenbei, wie ein Vater zu seinen Angestellten. Bemerkenswert finde ich dabei seine Einstellung, dass sich jeder seiner Verkäufer die angebotenen Produkte von seinem Gehalt selbst leisten können sollte. Da guckt einer über den eigenen Kontostand hinaus.

Eine seiner schönsten Charaktereigenschaften aber ist, dass Peter Heinrichs alle Kunden gleich behandelt. Egal, wer kommt. Ob arm oder reich, unbekannt oder prominent. Da könnte der Papst kommen und Peter würde ihn behandeln wie Sie oder mich. Das mit dem Papst ist übrigens kein Scherz. Peter Heinrichs ist wahrscheinlich der einzige Tabakwarenhändler der Welt, der sich mit einem Papst – es war Johannes Paul II., uns auch bekannt als Karol Wojtyla – über Cigarren unterhalten hat.

Aber nicht nur Seine Heiligkeit kennt den Pfeifen-und-Cigarren-Peter, sondern auch ihre Kräftigkeit. Und zwar in Gestalt von Arnold Schwarzenegger. Sie haben richtig gehört: Das Muskelpaket hat als Gouverneur von Kalifornien sogar in seinem Laden gestanden. Frei nach dem Motto »Peter und die starken Männer«. Aber auch den hat er nicht anders behandelt als mich oder Ottonormalraucher. Warum auch – vor Peter sind sie alle gleich. Das macht ihn so sympathisch, das macht ihn so menschlich, und im Grunde ist es schade, dass man heutzutage so etwas überhaupt betonen muss.

Dass für Peter Heinrichs nicht immer die Sonne geschienen hat, wollen wir nur am Rande erwähnen. Sein Vater ist früh gestorben, und Peter musste sich hocharbeiten. Er hat es geschafft. Mit Disziplin, Fleiß, Charakterstärke und einer gehörigen Portion Mutterwitz. Und auch mit seinen enormen Unterhalterqualitäten. Die *Welt am Sonntag* hat einmal über ihn geschrieben, er sei »der letzte wahre Entertainer des Tabaks«. Dem kann ich nur zustimmen. Aber ich will noch eins draufsetzen: Für mich bist Du der liebenswerteste Traumverwirklicher, den ich kenne. Und glaube mir: Bei dem Thema kann ich mitreden.

Du hast dein Buch, lieber Peter, *Ich liebe mich* genannt. Das mag sich sehr selbstbewusst oder gar arrogant anhören. Ich finde das nicht. Denn man kann nur andere lieben, wenn man sich selbst liebt. Und Peter liebt andere Menschen, ist er doch selbst ein Herz von einem Menschen. Und was ich Dir immer schon einmal sagen wollte: »Pitter, ich liebe Dich auch.«

Dein

Horst Lichter

Rommerskirchen, im Juni 2010

Anmerkungen zu diesem Buch oder Annäherung an ein Original

Vorwort von Dieter H. Wirtz

Peter Heinrichs ist eine Marke. In zweierlei Hinsicht. Zum einen ist da die Person Peter Heinrichs, zum anderen sind da die zahlreichen Produkte, die unter dem Namen ›Peter Heinrichs‹ angeboten werden.

Zur Person. »Marke« steht hier als Synonym für »Original«, obwohl der erste Ausdruck ihn eigentlich ein wenig besser charakterisiert. Kann ein »Original« mitunter auch kauzig, schrullig, skurril sein, meint der vor allem im Rheinland gebrauchte Ausspruch: »Du bist mir vielleicht 'ne Marke« jemanden, der gerne mit leichtem Augenzwinkern, dazu mit einem gewissen Schalk im Nacken seinen Zeitgenossen begegnet. Wie dem auch sei: Peter Heinrichs gehört zu den Spezies von Menschen, die sich einerseits mit Mutterwitz und Humor in einem Umfeld bewegen, das immer gleichförmiger und austauschbarer zu werden scheint, die andererseits aber klar und deutlich einen Weg gehen, den sie sich selbst vorgezeichnet haben, um ihn dann zu ebnen und nicht von ihm abzuweichen.

Zur Marke. Der gebürtige Kölner hat es geschafft, als Einzelhändler zahlreiche Produkte auf den Markt zu bringen, die seinen Namen tragen. Rund zwanzig Pfeifenmodelle, um die dreihundert Pfeifentabake unterschiedlicher Geschmacksrichtungen, produziert in mehreren Fabriken, etwa vierzig Cigarrenserien – von Short- bis zu Longfillern, gefertigt in den Fabriken und Werkstätten namhafter und weniger bekannter Hersteller – weisen den Schriftzug ›Peter Heinrichs‹ auf. Zudem gehen Jahr für Jahr Hunderttausende Pfeifenreiniger und fünf Millionen Kohlefilter à la ›Peter Heinrichs‹ über seine Ladentheken oder werden in alle Welt versandt. Nicht zu vergessen die neun Cigarettenmarken, allesamt mit Pfeifentabak hergestellt, die das heute in Bergheim-Niederaußem ansässige Familienunternehmen in einer jährlichen Stückzahl von annähernd hundertachtzig Millionen Stück an den Genussraucher bringt. Selbst ein ›Peter Heinrichs Humidorwasser‹ findet der Interessierte im Portefeuille des Einzelhändlers.

In Niederaußem gibt es sogar ein eigenes Zolllager, unter anderem dazu gedacht, um erstklassige Longfiller-Cigarren günstig zu erwerben und sie danach preiswert anzubieten, wobei die Zahl der erworbenen Kisten durchaus im fünfstelligen Bereich liegen kann. Hieraus jedoch abzuleiten, Peter Heinrichs wäre ein »Billig-Onkel«, träfe den Kern seiner Philosophie nicht. Bei ihm bestimmen Angebot und Nachfrage, bestimmt auch ein günstiger Einkauf den Preis für seine Endkunden. Da sieht sich der Kölner als Hanseat, als jemand, für den der Ausdruck »Patrizierkaufmann« keine leere Hülse ist, sondern etwas, womit er sich von dem des »Kaufmanns« klar abgrenzt: »Kaufmann – so kann sich doch jeder Kioskbesitzer nennen.«

Apropos Philosophie. Zu ihr gehört auch folgender Satz: »Hühner gackern und produzieren Eier, und weil sie beim Eierlegen so laut gackern, kaufen die Leute Eier.« Zugegeben, das ist ein rustikaler Happen der zuweilen hemdsärmeligen Heinrichs'schen Philosophie, aber er drückt plastisch aus, was Peter Heinrichs meint, wenn es um die mitunter ungewöhnlichen Werbeaktivitäten geht, die Person und Firma über die Grenzen Kölns bekannt gemacht haben. Beispiele hiervon gibt es im Buch zur Genüge.

»Wer Visionen hat, sollte zum Arzt gehen.« Der Satz des Altkanzlers Helmut Schmidt könnte auch von Peter Heinrichs stammen. Peter Heinrichs ist kein Visionär, ist nicht jemand, der Gedanken auf ein imaginäres Reißbrett wirft, die schließlich, zuvor wohlgeordnet, nur noch umzusetzen sind; er ist auch keiner, der irgendwelchen Träumen nachhängt; dazu ist er zu sehr Realist, lebt er zu gerne im Hier und Jetzt. Das ist seine Bühne, hier erkennt er, meist vor allen Mitbewerbern, Chancen, die ihm der unternehmerische Alltag mit seinen aktuellen Strömungen und denkbaren Richtungen unterbreitet. Hat er einmal eine Chance erkannt, lässt er sich nicht von seinem Weg abbringen, verfolgt er gezielt und konsequent ihre Realisierung.

Natürlich hat er auch Träume. Da unterscheidet er sich nicht von Millionen anderer Menschen. Manche, darunter sein persönlich größter, sind in Erfüllung gegangen. »Ich habe in meinem Leben auch einige Male verdammtes Glück gehabt«, gibt er zu, »und ich habe eine Frau an meiner Seite, ohne die ich nicht so weit gekommen wäre. Zu neunzig Prozent ist der Erfolg ihr zuzuschreiben.« Glück hat bekanntlich nur der Tüchtige, und was die erwähnten neunzig Prozent angeht, so denke ich, übertreibt beziehungsweise untertreibt er hier ein wenig. Womit ich den unermüdlichen Einsatz »seines Traudchens« kein bisschen kleinreden möchte.

Als im Jahre 1999 auf dem weitläufigen Gelände des ›Château Henri‹ die kubanische Spitzenmarke ›Trinidad‹ ihre Deutschland-Premiere hatte, bin ich Peter Heinrichs zum ersten Mal begegnet. Was mir bei ihm besonders auffiel, war zum einen die Begeisterung in seinen Augen, wenn er von den Produkten sprach, die er anbietet, war zum anderen, war vor allem, wie er den Menschen begegnete, die ihn umgaben: Für jeden, aber auch wirklich für jeden hatte er ein gutes Wort. Peter Heinrichs liebt das, was er macht – und er liebt die Menschen, die zu ihm kommen. Natürlich liebt er auch sich selbst. Würde er das nicht, wäre er gar ein Griesgram, stünde er heute nicht da, wo er steht – und somit sein Unternehmen steht.

Einem Menschen begegnen und einen Menschen kennenlernen, ihn näher kennenlernen – dazwischen liegen kleine Welten. Und einen Menschen kennenlernen, sich mit ihm beschäftigen, um ihn schließlich zu kennen, wirklich zu kennen – das ist ein Ding der Unmöglichkeit. So mancher weiß ja noch nicht einmal, wer er selbst ist. Letzteres ist bei Peter Heinrichs nicht der Fall. Die vielen Begegnungen in den letzten sieben, acht Monaten, die für dieses Buch notwendig waren, haben mir den Menschen Peter Heinrichs nähergebracht, und ich glaube zu wissen, wie er in wesentlichen Dingen denkt, warum er so handelt, wie er handelt, glaube auch zu wissen, wie er »tickt«. Eines jedoch habe ich dabei mit Sicherheit festgestellt: Er hätte all das, was er sich jemals vorgenommen hat, nicht umsetzen können, wenn er nicht sich und seine Umwelt lieben würde.

Ich liebe mich. Der Titel des Buches ist übrigens das Ergebnis eines Gedankenaustauschs – »Brainstormings« auf Neudeutsch – zwischen meiner Frau und mir: Irgendwann kam ihr die Idee: »Der Titel kann eigentlich nur *Ich liebe mich* lauten.« Von ihr stammt auch folgender Satz: »Wenn der Peter damals eine Frittenbude eröffnet hätte, hätte ›McDonald's‹ heute Angst vor ihm.« Dem wäre eigentlich nichts mehr hinzuzufügen. Doch, denn zwei Punkte sind es wert, auf sie kurz einzugehen …

Zum einen möchte ich ganz herzlich Kurt Eggemann danken, der immer dann zur Stelle war, wenn es galt, Hochdeutsches in Kölner Mundart und Kölsch in Deutsch zu übersetzen. Außerdem hat er eine kurze Passage zu diesem Buch beigesteuert. Schließlich ist er einer der wenigen gewesen, die das Manuskript vor Drucklegung gelesen haben, und so konnte mich der langjährige Freund von Peter Heinrichs auf einige Stellen hinweisen, die noch eines inhaltlichen Feinschliffs bedurften.

Schließlich: Besonders am Anfang dieses Buches beleuchten einige Passagen historische Hintergründe. Sie sollen unter anderem deutlich machen, dass der Einzelne eingebettet ist in den Lauf der Geschichte und sich ihr nicht entziehen kann. Zwar ist es ihm nur selten möglich, an dem vielbeschworenen Rad der Geschichte zu drehen, aber er kann dazu beitragen, zumindest ein Zahnrädchen im großen Gefüge zu sein. Denn das Tun eines jeden Menschen wirkt sich stets auf das Tun der Menschen aus, mit denen er unmittelbar in Berührung kommt. Es ist wie mit dem Stein, der ins Wasser geworfen wird: Seine Kreise berühren andere Kreise und beeinflussen ihre Strömung. Wie gesagt: Es ist nur ein Stein, den jeder ins Wasser wirft, aber gerade darauf kommt es an. Denn es ist die Summe aller ins Wasser geworfenen Steine, die den Lauf der Dinge beeinflusst. Peter Heinrichs hat, auf seine Branche bezogen, viele große Steine ins Wasser geworfen ...

Mönchengladbach, im Juni 2010

Dieter H. Wirtz

PROLOG

Ich liebe mich

Augus 2007. Ich ben medden em Hätze vun Deutschland. Bes vür kooter Zigg soch dat noch ganz anders us; Bad Hersfeld wor Grenzstadt, wor de letz Station oder vun mer us och de letz Bastion vun der Bundesrepublik Deutschland. Donoh kom zoeesch ens Niemandsland, un wigger hingen log de Deutsche Demokratische Republik, för nit winnige us dä Zigg immer noch de »Zone«.

Ich soll en Red halde. Ming Thema: Innovation em Einzelhandel. Un ming Aufgab: Bochhändler zo motiveere, sich en ganz bestemmp Situatione fazünglich un met Fuck zo benemme, för domet för en Steigerung vum Ömsatz zo sorge. Engelade hat der Barsortimenter ›Libri‹.

Ich stonn en der Nöh vum Engang hingen an der Wand un han mich aangelähnt, etliche Meter vum Podium avgeläge, un ich luure mer dat Spill ens aan. Em Momang es der Geschäffsföhrer vun der Warehuskett ›Globetrotter‹ am vördrage, ne bekannte Freiziggusrüster, dä unger anderem Boote, Campingartikel, Zelte un Kledage offereere deiht. Dat blond Madämche met dem Mikrofon – ich schätze, dat et esu ungefähr veezig Johr ald es – süht nit nur god us, sondern et referiert och rhetorisch brillant. Die vier- bes fünfhundert Zohürer, wo och der Herbert Hamacher, Geschäffsföhrer vun der ›Galeria Kaufhof‹ op der Huhstroß en Kölle dobei es, sin jedenfalls ärg zofridde un looße esugar ene gewesse Respek erkenne. Die blond »Globetrotterin« verzällt üvver Wahßtum, Ömsatz un esu wigger un esu wigger ... un kütt langsam an et Eng vun ehrem Vördrag.

Dat es för mich dat Zeiche, mich ens peu à peu en de Richtung vun dem Podium zo bewäge, för ming Red zo halde. Der Karl Müller vun der »Zeidung« hät se mer geschrivve, un ich han se mer noch nit ens aangeluurt. Doför han ich mich ävver richtig staats gemaht, han esu e Jacket aan. Un noch jet han ich aan mer, e Headset. Esu jet han ich noch nie om Kopp gedrage. Ävver dat muss bei su enem Optritt wall sin, un esu gonn ich met minger neu Errungenschaft vun dä Kommunikationstechnik op et Podium.

Ich han en gesund Opprägung en mer. Wie esu off, wann ich en ener Situation bin, fangen ich aan, met mer selveer zo schwaade. Dat hät ävver nix mit dem Avbaue vun Lampefieber zo don, denn su jet kenn ich nit, ävver dat es evvens ne Wesenszog vun mer, dä mer unbewuß hilf, ming gesund Anspannung üvver ene gewess Zigg zo erhalde. »Jetz hald ich ming Red, dann freuen ich mich üvver ene lange Applaus, nemme ming vill ze klein Honorar met un fahre noh Huus. Et wör wall besser gewäs, wann ich mer de Red vürher durchgelese hätt. Wat soll et? Ich dunn dat Päd ald schöckele! Ävver verdammp wärm es et hee. Dröm sin se och all esu leger angetrocke en Rock un Kamesol. Un ich Tünnes han ming Hemb nit wie söns üvver, sondern en der Botz, un ich dragen och noch e Jacket! Trotzdäm weed et bestemmp god gonn, denn et setze esu vill lecker Mädcher hee un dat mäht mer besonders vill Freud; dat spornt mich richtig aan. Et kann alsu nix scheif gonn. Un üvverhaup: Ich han mich doch gään!

Halt! Nein! Stopp! So geht es nicht! Was die in Baden-Württemberg können, das kann ich schon lange, nämlich alles außer Hochdeutsch. Dennoch ist es nicht angebracht, das Ganze in kölschem Dialekt niederzuschreiben, denn das Buch werden, so hoffe ich doch, nicht nur Kölner und Rheinländer lesen, sondern auch Menschen aus Berlin und Brandenburg, aus Bayern und Bremen, aus Hamburg und Hessen, aus Westfalen und selbst, wenn es denn unbedingt sein muss, Zeitgenossen aus Düsseldorf. Deshalb jetzt noch einmal zum Mitlesen von vorne, garantiert für alle lesbar ...

*

August 2007. Ich befinde mich im Herzen Deutschlands. Bis vor gar nicht langer Zeit sah das anders aus, denn da war Bad Hersfeld Grenzstadt, war letzte Station, war von mir aus auch letzte Bastion der Bundesrepublik Deutschland. Danach gab es zunächst einmal Niemandsland, und weiter hinten lag die Deutsche Demokratische Republik, für nicht wenige seinerzeit immer noch die »Zone«.

Ich soll beim ›Libri-Forum‹ eine Rede halten. Meine Themenvorgabe: »Innovation im Einzelhandel«. Und meine Aufgabe: Buchhändler dahingehend zu motivieren, in einigen bestimmten Situationen ganz bestimmte Verhaltensmuster an den Tag zu legen, um so für eine Steigerung der bisher erreichten Umsätze zu sorgen. Eingeladen zu dieser Veranstaltung, die unter dem Motto steht: »Den Besten geht es immer gut«, hat der Barsortimenter ›Libri‹.

Ich stehe in der Nähe des Eingangs der Halle, an der hinteren Wand gelehnt, etliche Meter vom Podium entfernt, und schaue mir alles an. Im Moment spricht die Geschäftsführerin der Warenhauskette ›Globetrotter‹, eines recht erfolgreichen Freizeitausrüsters, der unter anderem Boote, Campingartikel, Zelte sowie Freizeitkleidung im Angebot hat. Die blonde Dame am Mikrofon – ich schätze ihr Alter auf etwa vierzig Jahre – ist nicht nur sehr attraktiv, sondern referiert auch rhetorisch brillant. Die vier- bis fünfhundert Zuhörer, unter ihnen auch Herbert Hamacher, Geschäftsführer der ›Galeria Kaufhof‹ in der Kölner Hohen Straße, sind jedenfalls sehr angetan und lassen gar eine gewisse Ehrfurcht erkennen. Die blonde »Globetrotterin« spricht über Wachstum, Umsatz und so weiter, und so weiter … und so langsam kommt sie zum Ende ihres Vortrags.

Das ist für mich das Signal, mich allmählich in Richtung Podium zu bewegen, um dort meine Rede zu halten. Karl Müller von der »Zeitung« hat sie mir geschrieben – und ich habe sie mir noch nicht einmal vorher durchgelesen. Dafür habe ich mich aber richtig chic gemacht, trage sogar ein Jackett. Und noch etwas trage ich: ein Headset. So ein Teil habe ich noch nie auf dem Kopf gehabt. Aber das muss bei derartigen Auftritten wohl so sein, und so begebe ich mich mit dieser neuen Errungenschaft der Kommunikationstechnik in Richtung Podium.

Ich habe eine gesunde Anspannung in mir. Wie so oft, wenn ich mich in solchen und ähnlichen Situationen befinde, spreche ich zu mir selbst. Das hat nichts mit dem Abbau von Lampenfieber zu tun, denn so etwas kenne ich nicht. Es ist eben ein Wesenszug von mir, der mir unterbewusst hilft, jene gesunde Anspannung über eine gewisse Zeit aufrechtzuerhalten. »Jetzt halte ich meine Rede, dann freue ich mich über den langen Applaus, streiche mein viel zu kleines Honorar ein und fahre nach Hause. Es wäre wohl besser gewesen, wenn ich mir die Rede vorher durchgelesen hätte. Was soll's? Ich werde das Ding schon schaukeln. Aber verdammt warm ist es hier. Deshalb sind alle auch so leger gekleidet. Und ich Depp trage mein Hemd nicht wie sonst über, sondern in der Hose, trage auch noch ein Jackett. Dennoch wird es bestimmt gutgehen, denn es sitzen so viele nette Mädchen hier, und das macht mir immer besonders viel Spaß, das spornt mich richtig an. Es kann also nichts schiefgehen. Außerdem: Ich liebe mich …«

Während ich nach vorne gehe, wundere ich mich, welch eine beschwingte Heiterkeit auf einmal im Saal herrscht. Frauen halten sich den Bauch vor Lachen, Männer klopfen sich auf die Schenkel, und bei einigen Ausgelassenen sehe ich, wie sie sich ihre Freudentränen aus den Augenwinkeln wischen. Als ich mich dann leise frage: »Was ist denn das hier für eine fröhliche Versammlung?«, bemerke ich es endlich: Es ist das Headset, das meine Gedanken an die Öffentlichkeit spült. Damit habe ich nun gar nicht gerechnet. Aber es ist nun einmal passiert, und so versuche ich, das Beste aus der Situation zu machen.

Als ich auf dem Podium stehe, setze ich zunächst einmal mein schönstes Gesicht auf und strahle die Gemeinschaft an: »So kann es einem wie mir gehen, der von Technik soviel versteht wie der Hahn vom Eierlegen. Gleichwohl möchte ich sofort zur Sache kommen …«

Innovation im Einzelhandel

Ich möchte mich zu Beginn meines Vortrags für die Möglichkeit bedanken, vor Ihnen sprechen zu können. Wir alle arbeiten im Facheinzelhandel – Sie verkaufen Bücher, ich verkaufe Tabak, wobei ich mir bewusst bin, dass Sie durch Ihr Produkt niemals so viele Feinde haben werden, wie ich sie habe.

Was wir aber gemein haben: Unsere jeweiligen Gegenspieler machen uns das Handeln und damit das Leben schwer. In Ihrem Fall wird weniger gelesen, weil die schnelle, oberflächliche und daher oft nur zu dünne Information via Fernsehen und Computer anstelle des viel nachhaltigeren, aber leider eben auch zeitaufwendigeren Bücherstudiums getreten ist und die Kinder nicht mehr den genügenden Spaß am Lesen vermittelt bekommen. In meinem Fall wiederum sind eine gesellschaftliche Ächtung des Rauchens und eine damit verbundene intensive politische Regulierungswut zu beobachten – eine Entwicklung, die meine Kunden geradezu zwingt, immer weniger Tabak zu konsumieren.

Zwei Fragen sind mir gestellt worden, über die ich heute referieren soll. Die erste – »Ist alles, was mit dem Rauchen zusammenhängt, dem Untergang geweiht?« – kann ich nicht abschließend beantworten. Nur so viel: Ich hoffe nicht! Bei der zweiten sieht es bedeu-

tend besser aus. Sie lautet: »Was muss der Handel machen, wie muss er agieren und reagieren, um auf dem Markt Kundenmagnet zu bleiben beziehungsweise zu werden?«

Was Hotels und psychiatrische Heilanstalten gemein haben

Das Rauchen wird gerne auch als Tabakgenuss bezeichnet – meistens von der Tabakindustrie selbst. Aber tatsächlich gibt es hier wesentliche Unterschiede: Da ist zunächst einmal der intensive Konsum von Cigaretten auf der einen, und da ist das genussvolle Rauchen von guten Cigarren ebenso wie das – für die nicht rauchende Umwelt oft angenehme – Rauchen von Pfeifentabaken auf der anderen Seite. All das ist Rauchen. Dieser Blick auf das Rauchverhalten ist also notwendig, wenn etwas über die Zukunft des Rauchens gesagt werden soll.
Zweifelsohne steht der Raucher heute mit dem Rücken zur Wand: Fast nirgendwo darf er sich noch eine Cigarette anzünden. In den Zügen der ›Deutschen Bahn‹ beispielsweise werden die Raucherabteile immer weniger und sollen bald ganz verschwinden – übrigens sitzen auch die Raucher mittlerweile lieber in den Nichtraucherwaggons und wechseln nur für eine Cigarettenlänge ihren Platz. Des Weiteren haben unsere Politiker nach langem Hin und Her entschieden, dass am Arbeitsplatz, an öffentlichen Plätzen und sogar in Gaststätten und Restaurants nicht mehr geraucht werden darf – und folgen so den in meinen Augen zweifelhaften Vorbildern vieler unserer europäischen Nachbarn. Wie Sie vielleicht wissen, ist auch in Irland das Rauchen am Arbeitsplatz verboten, was zum Beispiel zu der absurden Situation führt, dass Mr. Tom Palmer als Geschäftsführer der traditionsreichen Pfeifenmanufaktur ›Peterson‹ in Sallynoggin bei Dublin zwar Pfeifen herstellen, sich in seinem Büro nebenan aber keine mehr anzünden darf – Rauchen ist in Ir-

land nur noch in Hotels, Gefängnissen und psychiatrischen Heilanstalten grundsätzlich gestattet ...

Ich will mich nicht zu weit vom Thema meiner Rede entfernen. Allerdings treiben unsere Branche viele Überlegungen und Diskussionen um – und das Rauchverbot ist in der Tat ein nicht zu unterschätzendes Problem. Hier drängt sich die Frage auf, ob Verbote dazu beitragen werden, dass alles, was mit dem Rauchen zusam-

menhängt, dem Untergang geweiht ist. Das allerdings glaube ich nicht.
Warum? Weil die Diskussion um das Rauchverbot in meinen Augen ein Strohfeuer ist, eines, das die Politik gelegt hat, um von anderen, viel wichtigeren Problemen abzulenken. Dass sie es nicht bis zum Äußersten treiben wird – dafür werden die Damen und Herren im Finanzministerium schon sorgen: Sollte nämlich das Rauchen gänzlich verboten werden, dann würde das für ein immenses Loch in der Staatskasse sorgen, denn Cigarettenraucher wie Cigarren- und Pfeifenraucher sind brave, sind vor allem treue Steuerzahler.

Sucht- und Genussraucher

Dennoch stört es die Branche natürlich immens, wenn das Rauchen im Ganzen verteufelt wird. Wie gesagt, tut hier Unterscheidung Not. Denjenigen, der sich eine Cigarette nach der anderen anzündet, mag man als Nichtraucher im gleichen Raum vielleicht zu Recht verteufeln – ein Pfeifenraucher wie auch ein Genießer guter Cigarren ist in der Regel rücksichtsvoll, fragt vorher, ob sein Tabakgenuss jemanden stört, und begegnet selbst der Intoleranz militanter Nichtraucher mit einem duldsamen Lächeln.
Würde man also die in meinen Augen nötigen Unterschiede machen, wie man sie auch bei anderen Produkten erkennt, wäre das Rauchen und alles, was damit zusammenhängt, weder in der Schusslinie noch dem Untergang geweiht. Wohl kaum jemand wird einen Spirituosenhersteller wegen seines erstklassigen Wodkas angreifen, wenn er einen durch Alkopops betrunkenen Jugendlichen im Stadtpark sieht. Beim Rauchen schert man dagegen alle über einen Kamm.
Zunächst einmal ist hier festzustellen: Ohne Verbote wäre das Rauchen sicherlich nicht dem Untergang geweiht. Ob hingegen die be-

stehenden und bald kommenden Gesetze und Verbote die Glut im Pfeifenkopf oder an der Cigarettenspitze gänzlich löschen werden, bleibt abzuwarten.
Ich möchte hier keine Werbung für mein Geschäft machen, sondern Ihnen anhand meiner Situation zeigen, wie man sich als Tabakwarenfachhändler trotz des heftigen Gegenwinds, der einem aus Politik und Gesellschaft entgegenbläst, behaupten kann: Indem man sich abhebt, indem man differenziert und, vor allem, indem man seinen Kunden das Gefühl vermittelt, dass sie als Freunde von Pfeifen und Cigarren eben keine Raucher im herkömmlichen Sinne, sondern Genießer sind.
Wir müssen also nach wie vor darauf achten, auf welche Art des Rauchens wir setzen wollen: Das Suchtrauchen hat keinen guten Stand – ob zu Recht oder nicht, mag jetzt mal dahingestellt sein. Das Genussrauchen allerdings wird es weiter geben. Genauso wie die Spirituosenbranche keinen immensen Schaden daran nehmen kann, wenn die Politik den Verkauf von Alkopop-Getränken an Jugendliche unter sechzehn Jahren verbietet, genauso wird sich das genussvolle Tabakrauchen gegen das Suchtrauchen abheben und behaupten können.

Jedes Portemonnaie ist willkommen

Wie ehedem fallen uns Fachhändlern die Früchte nicht in den Schoß. Womit ich zur zweiten Frage komme, die ich heute behandeln möchte: Was muss der Handel machen, wie muss er agieren und reagieren, um auf diesem Markt Kundenmagnet zu bleiben beziehungsweise zu werden? Auf diese Fragen gibt es keine einfache Antwort, sondern eine Vielzahl von möglichen Antworten.
Die Menschen kommen in mein Geschäft, weil Sie wissen, dass ich mich über den Besuch eines jeden freue, egal, wie gut gefüllt sein

Portemonnaie ist. Denn ich betrachte meine Kunden nicht als Menschen, die mir ihr Geld gegen Ware geben, sondern als meine Freunde, denen ich mit meinen Produkten Zugang zu einer Welt des Genusses verschaffe.

Um im Einzelhandel heute erfolgreich arbeiten zu können, um also ein Kundenmagnet zu werden und zu bleiben, muss man genauso wie ein Magnet seine Anziehungskraft steigern und behalten. Dafür gibt es leider – oder: eigentlich zum Glück – kein Patentrezept, sondern es sind die vielen kleinen Puzzleteilchen, die ein Gesamtbild ergeben.

Wie ich schon sagte, betreten meine Geschäfte keine Kunden, sondern nur Freunde. So sehe ich das jedenfalls. Natürlich finden sich unter meinen Kunden auch Menschen, die ich, um es einmal diplomatisch auszudrücken, privat nicht die ganze Zeit um mich haben möchte. Aber auch von ihnen bin ich als Einzelhändler abhängig: Pfeifen und Cigarren, Feuerzeuge und andere Accessoires lassen sich heute im Internet teilweise preiswerter erwerben als in meinen Geschäften, in denen ich exakt dieselben Produkte anbiete. Bei Ihnen verhindert die Buchpreisbindung zwar einen Preiskampf, doch man betritt die Buchhandlung, in der man früher ein- und ausging, vielleicht seltener, wenn man seine Bücher zeitsparend im Internet bestellen kann und sie noch kostenlos nach Hause geschickt bekommt.

Wir sind als Fachhändler davon abhängig, dass der Kunde bei uns im Laden einkauft, dass er überhaupt in einem Laden einkauft. Wissen Sie, ich neide keinem Kollegen den Erfolg, denn ich sage mir: Wenn ein Fachhändler, sagen wir in Hamburg, erfolgreich Pfeifen verkauft und wenn der Kunde Müller aus Hamburg mal nach Köln kommt und mein Geschäft sieht, dann habe ich nur eine Chance, dass dieser Kunde Müller auch meinen Laden in der Absicht betritt, etwas zu kaufen, nämlich dann, wenn er in Hamburg gut bedient wird, denn sonst würde der Kunde Müller überhaupt nicht Pfeife rauchen – und an meinem Laden achtlos vorbeigehen. Ich respektiere also meine Kunden und interessiere mich für sie. Das führt dazu, dass sich nicht selten aus einer flapsigen oder humorvollen Bemerkung ein Gespräch entwickelt – mit der angenehmen Begleiterscheinung, dass der Kunde länger im Laden verweilt als vorgesehen.

Hände in den Schoß zu legen bringt einen nicht weiter

Das gehört zum Alltag. Was nicht dazu gehört, sind zum Beispiel die ›Smoker Treffs‹, die ich zweimal jährlich in meinem Geschäft in Bergheim-Niederaußem veranstalte. Da werden zwei, drei Partyzelte gemietet, in eins kommt ein großes kalt-warmes Buffet, dazu gibt es Kölsch vom Fass und alkoholfreie Getränke, dann eine bestimmte Cigarre, und meist habe ich noch irgendeine Attraktion für den Cigarren- und/oder Pfeifenraucher wie etwa eine Cigarrenrollerin oder einen Tabakhersteller, die über ihre Produkte informieren, manchmal auch einen Pfeifenmacher, der sich bei seiner Arbeit über die Schulter schauen lässt. Das Ganze kostet den einzelnen Kunden rund zwanzig Euro – und dafür bekommt er einen Abend im Kreis von rund vierhundert gleichgesinnten Genussrauchern, an dem er sich in Ruhe unser Angebot in den Pfeifenregalen oder im begehbaren Humidor anschauen kann. Ein solcher Abend mag zwar für mein Unternehmen keine Goldgrube sein, aber die Leute kommen und schauen – und sie kaufen … wenn nicht an diesem Abend, dann an einem der nächsten Tage. Selbst wenn nicht: Sie waren mal wieder bei ›Peter Heinrichs‹ und merken, weil wir sie über unsere Kundenkartei persönlich anschreiben, dass wir sie nicht vergessen haben, auch wenn sie vielleicht schon ein Jahr nichts mehr bei uns gekauft haben.

Sich um die Kunden kümmern, sie nicht als reine Geldgeber sehen, sie gut und zuvorkommend beraten, eine gute Auswahl an Produkten anbieten und auf ihre Wünsche eingehen – was sich jetzt so schnell aufzählen lässt, muss jeden Tag neu erarbeitet werden. Das gilt übrigens in jeder Branche, denn wenn ich zum Beispiel Besen verkaufen will, dann muss ich möglichst alle Besen der Welt anbieten, sie zumindest besorgen können, um somit der beste Besenhändler der Welt zu sein. Nicht nur im Einzelhandel haben die Leute aber das Problem, dass sie sich auf zu viele Dinge stürzen, anstatt sich auf Weniges – und damit auf das Wesentliche – zu konzentrieren. Gerade in unserer Branche versuchen es viele mit Produkten, die ein Kaufhaus viel besser an den Mann oder die Frau bringen kann. Ich hingegen beschäftige mich mit den beratungsintensiven Produkten Cigarre, Pfeife und den entsprechenden Accessoires – und nur damit.

Dabei verstehe ich mich selbst nicht als Manager, sondern als Patrizierkaufmann. Für mich zählt Kaufen und Verkaufen – und das ehrlich, seriös und zuverlässig. Was selbstverständlich klingt, ist es heute, Sie wissen es, leider nicht mehr – und das gilt nicht nur für die Chefetagen großer Automobil- oder Elektrokonzerne.

Um ein Publikumsmagnet zu werden und – vor allem – zu bleiben, ist gute Behandlung der Kunden und ein breites Angebot natürlich nicht alles. Wenn ich keine neuen Ideen mehr habe, bedeutet das für mich Stillstand. Dabei interessiert mich nicht, ob in China ein Fahrrad umfällt, sondern was bei mir passiert, in meinem Land und in meiner Stadt. Ideen kommen mir übrigens bei der Arbeit, sind also Produkte meiner Arbeit. Und da ich fünfzehn Stunden am Tag effektiv arbeite, habe ich genügend Zeit für Ideen. Wichtig für meinen Erfolg ist dabei natürlich die konsequente Verfolgung meiner Firmenphilosophie, von denen ich Ihnen einige der vielen Facetten skizzieren durfte.

Ich glaube an mich und mein Produkt

Wissen Sie: Ich glaube einfach an mich und mein Produkt, ich habe die Unterstützung meiner Familie und vieler Freunde, zu denen ich alle meine Kunden zählen möchte – und ich entwickele immer neue Ideen, um meine Anziehungskraft für meine Kunden nicht zu verlieren. Vielleicht ziehe ich meine Anziehungskraft aber auch aus einer anderen Denkweise: Wir Deutschen sind ja Weltmeister – wenn schon nicht im Fußball, so doch im Jammern. Ich weiß nicht, wie es in Ihrer Branche ist, aber bei uns beweint man die kleinen Margen, die mangelnde Unterstützung der Industrie, die raucherfeindliche Stimmung und andere sicherlich im Großen und Ganzen beklagenswerten Missstände. Aber dabei legt man die Hände in den Schoß und wartet auf bessere Zeiten. Das bringt aber weder Kunden in den Laden noch Geld in die Kasse.
In Zeitungsartikeln wurde ›Peter Heinrichs‹ schon mal als das beste Tabakgeschäft der Welt bezeichnet. Ob das wirklich so ist, mag dahingestellt sein, denn das müssen nicht zuletzt meine Kunden entscheiden. Was ich aber weiß, ist Folgendes: Wir sind unverwechselbar, weil wir einen ganz eigenen, einen unvertauschbaren Charakter haben. Und das schätzen unsere Kunden an uns, und deswegen kommen sie immer wieder gerne in unsere Geschäfte – was beweist, dass man auch und gerade in schweren Zeiten ein Kundenmagnet sein kann.

*

Anzumerken bleibt noch, dass nur Auszüge des Vortrags wiedergegeben sind – und dass ich natürlich nicht so geschliffen meine Rede vorgetragen habe, wie die vorherigen Seiten vermuten lassen. Aber das nur am Rande. Viel wichtiger ist mir Folgendes: Diese Ausführungen deuten an, um was es, neben anderem, in diesem Buch geht: Um das Familienunternehmen ›Peter Heinrichs‹, um sein Selbstverständnis – und um dessen Umsetzung, die tagtäglich von meiner Frau, meinen Familienangehörigen, von meinen Mitarbeitern und von mir betrieben wird. Natürlich kommen auch Anekdoten und Begebenheiten, auch ein wenig Firmengeschichte nicht zu kurz ... aber lassen Sie sich überraschen, tauchen Sie ein in ein kleines Stück Kölner Historie und in gelebte Firmenphilosophie ...

TEIL I

Stationen

KAPITEL 1

Alltag in Trizonesien

»Ich habe geweint, weil ich keine Schuhe hatte –
bis ich einen traf, der keine Füße hatte.«
UNBEKANNTER VERFASSER

Es ist die Zeit des Schwarzhandels und des Kohlenklaus. Nach dem verlorenen Krieg und dem Zusammenbruch des »Tausendjährigen Reichs«, dem nur, Gott sei Dank, zwölf Jahre beschieden gewesen sind, teilen die Siegermächte im ›Potsdamer Abkommen‹ vom August 1945 das ehemalige Deutsche Reich in vier Besatzungszonen auf. Neben der sowjetischen, im Volksmund recht bald »Ostzone« genannt, gibt es noch eine amerikanische, die sich, grob umrissen, über das heutige Bayern und über Württemberg erstreckt, eine französische, die neben Baden und Württemberg-Hohenzollern noch Rheinland-Pfalz und das Saarland umfasst, sowie eine englische Besatzungszone, während die einstige Hauptstadt Berlin einen Sonderfall darstellt.

Dann, im Winter 1946/47, einigen sich die amerikanische und die britische Militärregierung darauf, ihre beiden Zonen zu einem Wirtschaftsgebiet zu vereinigen, dem sie zudem eine gemeinsame demokratische Verwaltungsstruktur geben. Diese »Bizone« erfährt schließlich eine Erweiterung, nachdem sich Frankreich im März 1948 dazu durchgerungen hat, seine Besatzungszone dem von Briten und Amerikanern verwalteten Gebiet anzugliedern. Die »Trizone« ist noch nicht lange geboren, da spricht so mancher Bewohner jenes Gebildes von »Trizonesien«.

Überlebenskampf und Kungelgeschäfte

Alltag in Trizonesien. So lautet der Titel eines Buches, das vor rund fünfundzwanzig Jahren erschienen ist und in dem der Autor Walter Henkels, bekannt vor allem durch seine Bücher über Bundeskanzler Konrad (»Conny«) Adenauer, die turbulent-fieberhafte Zeit zwischen Kriegsende und Verkündung des Grundgesetzes beschreibt. Der in Solingen-Ohligs geborene Walter

Henkels gehörte zu den ersten Journalisten im Deutschland der Nachkriegszeit, der von den westlichen Siegermächten die Erlaubnis erhielt, wieder seinem Beruf nachzugehen. Der Mitbegründer der ›Bundespressekonferenz‹ und des ›Deutschen Presseclubs‹ arbeitete in diesen Jahren für das Nachrichtenmagazin *Der Spiegel* und die Wochenzeitung *Die Zeit*, ehe er von 1949 bis 1977 – im letztgenannten Jahr war er schon über siebzig – als Korrespondent der *Frankfurter Allgemeinen Zeitung* die Bonner Szene beobachtete und über sie humorvoll-pointiert berichtete. Womit wir im Rheinland angelangt wären …

Es ist, wie gesagt, die Zeit des Schwarzhandels, vor allem bedingt durch eine katastrophale Versorgungslage, die wiederum auf die Verwüstung weiter Landstriche zurückzuführen ist. Keine Stadt, in der nicht Ruinen das Bild prägen, kein Fluss,

über den eine Brücke führt, die unzerstört oder zumindest unbeschädigt ist, keine Region, in der das Schienennetz noch so intakt ist wie vor Beginn des Krieges. Doch nicht nur zerstörte Häuser und Kirchen, Brücken und Fabriken bilden die mahnende Kulisse für vergangenen Größenwahn und übersteigerte Selbstherrlichkeit, sondern auch die Menschen sind beschädigt, sind gebrochen an Leib und Seele. Während so manche Seele nie mehr in ein auch nur halbwegs ertragbares Lot zu bringen ist, versucht jeder, wenigstens etwas für seinen Leib zu tun. Vor allem in den Städten treibt Hunger die Menschen um, und der harte Kampf ums Überleben beginnt jeden Tag aufs Neue.

Das ist in Köln nicht anders als in zahlreichen Städten und Gemeinden der übrigen Besatzungszonen. Wer beispielsweise von der zerstörten Hohenzollernbrücke auf die linke Rheinseite schaut, der erblickt einen Dom, von dem praktisch nur noch die beiden vermeintlich unversehrten Glockentürme zu sehen sind. Und im Schatten des einstmals stolzen Gotteshauses wird mit allem und jedem gehandelt – »gekungelt«, wie es im Volksmund heißt. Da wechselt teurer Stoff für Butter, Milch und Schweinefett den Besitzer, da wird wertvoller Familienschmuck für Kartoffeln und Fleisch geboten, für Mehl und Eier, Salzheringe werden gegen Wein getauscht, und glücklich schätzt sich, wer eine Packung amerikanischer Cigaretten in seiner Manteltasche hat – er ist für einige Minuten König des Schwarzmarkts.

Von der Domstadt aus geht es auch ins Umland. Obwohl eine Bahnreise wegen der vielen gesprengten Brücken und zerstörten Gleisanlagen oft tagelang dauert, besteigen zahlreiche Menschen einen Zug in der Hoffnung auf ein gutes Ergebnis beim Kungeln. Andere wiederum, meist Frauen, tun sich zu kleinen Gruppen zusammen, um zu Fuß die vor Köln gelegenen Dörfer und ehemaligen Honschaften aufzusuchen, um auf den Bauern-

höfen für Dingliches etwas Essbares zu bekommen, etwas, was das Überleben für die nächsten Tage oder, wenn ein wenig Glück mit im Spiel ist, sogar für die nächsten Wochen sichert. Begehrt sind vor allem Kartoffeln und Kohl.

Der Segen kommt von ganz oben

Ist der Hunger das eine Problem, so kommt im Winter die Kälte hinzu – und mit ihr das fehlende Heizmaterial. Kohlen sind deshalb sehr gefragt. Woher nehmen, wenn nicht stehlen? Die Erlaubnis dazu kommt von ganz oben – das ist kein Wunder in einer Stadt, in der manche Dinge etwas anders gesehen werden als in anderen Gemeinden auf diesem Planeten. Hier wabern nämlich, manchmal mehr, manchmal weniger, jedoch stets latent spürbar, vier große Ks durch den Alltag: Katholische Kirche, Karneval und Klüngel.

Also spricht Josef Kardinal Frings, seit dem Jahre 1942 Erzbischof des Erzbistums Köln, in seiner am 31. Dezember 1946 in der St.-Engelbert-Kirche in Köln-Riehl gehaltenen Silvesterpredigt, in der er auf die schlechte Versorgungslage in diesem strengen Winter sowie auf die Plünderungen von Kohlenzügen eingeht, folgenden Satz: »Wir leben in Zeiten, da in der Not auch der Einzelne das wird nehmen dürfen, was er zur Erhaltung seines Lebens und seiner Gesundheit notwendig hat, wenn er es auf andere Weise ... nicht erlangen kann.« Das ist Wasser auf die Mühlen vieler, wobei – typisch kölsch – der nachfolgende Satz ihres Erzbischofs relativ schnell in Vergessenheit gerät: »Aber ich glaube, dass in vielen Fällen weit darüber hinausgegangen worden ist. Und da gibt es nur einen Weg: Unverzüglich unrechtes Gut zurückgeben, sonst gibt es keine Verzeihung bei Gott.«

Mundraub und Kohlenklau sind demnach erlaubt, sozusagen mit göttlichem Segen, und so macht recht bald nicht nur in Köln das Wort »fringsen« für das Organisieren von Lebensmitteln und Heizstoffen die Runde und hält schließlich Einzug in den deutschen Sprachschatz. Wie so oft, so zeigt sich auch hier: Der Kölner nimmt gerne nur jenen Teil einer Aussage wahr, der für ihn mit einem Vorteil verbunden ist, während er die Passagen, die in diesem Zusammenhang relativierend wirken, nicht zur Kenntnis nimmt oder sehr schnell vergisst – und so gehen das Kungeln und der Kohlenklau weiter.

Bleibt noch anzumerken: Josef Richard Frings ist übrigens bis heute der einzige Erzbischof von Köln, dem die Stadtväter der Domstadt die Ehrenbürgerwürde verliehen haben. Des Weiteren erinnern eine Büste auf dem Laurenzplatz in der Nähe des Kölner Rathauses, eine Gedenktafel, angebracht an der Pfarrkirche von Köln-Fühlingen, eine nach ihm benannte Straße in der Kölner Innenstadt, das Kardinal-Frings-Denkmal in Neuss, seiner Geburtsstadt, sowie die nach ihm benannte ehemalige ›Südbrücke‹ zwischen Neuss und Düsseldorf an den in der Bevölkerung beliebten Kirchenmann. Doch kehren wir zurück nach Köln, zu einem weiteren Denkmal …

Eingeborene melden sich zu Wort

Die ersten Jahre nach dem Krieg sind in den Besatzungszonen zwar eine Zeit der Entbehrungen, aber sie sind auch eine der Erleichterung. Endlich ist das Grauen vorbei, gibt es kein Geschützfeuer mehr, ertönen nicht mehr die Sirenen, die einen Luftangriff der Alliierten ankündigen. Obwohl sich die Versorgungslage erst ganz allmählich und kaum spürbar bessert, keimt mit jeder Woche, die man überlebt, Hoffnung auf eine bessere Zukunft auf. Zudem ist der Kölner schon vom Naturell her Optimist: »Et kütt, wie et kütt« (»Es kommt, wie es kommt«) und »Et hät noh immer got gegange« (»Es ist noch immer gutgegangen«) unterstreichen diese Grundhaltung.

Da passt es treffend ins Bild, dass 1948/1949 in der fünften Jahreszeit, der Karnevalssession, ein Schlager bald überall die Runde macht. Sein Titel: *Wir sind die Eingeborenen von Trizonesien*. Getextet und komponiert hat ihn Karl Berbuer, der als Bäcker seine buchstäblichen Brötchen verdient, zudem als Komponist, Laienschauspieler sowie vor allem als Schlager- und Krätzjessänger – so der Kölner Ausdruck für jemanden, der volkstümliche, von Alltag und Lokalkolorit geprägte Lieder vorträgt – aus dem Kölner Karneval jener Zeit nicht wegzudenken ist. In dem Lied heißt es unter anderem: »Wir sind die Eingeborenen von Trizonesien, hei-di-tschimela, tschimela-bumm, wir haben Mägdelein mit feurig-wildem Wesien ... Wir sind zwar keine Menschenfresser, doch wir küssen umso besser ... Mein lieber Freund, die alten Zeiten sind vorbei, ob man da lacht, ob man da weint, die Welt geht weiter, eins, zwei, drei ...«

Die Eingeborenen von Trizonesien überwinden sehr schnell die Kölner Grenzen, will heißen: Bald wird der Karnevalsschlager des Karl Berbuer in ganz (West-)Deutschland gesungen, drückt er doch, wie mehrere angesehene Wissenschaftler später herausfinden, einen »in Selbstironie verpackten Wunsch« aus, »die nationale Isolation zu überwinden«. Diesem Wunsch – ob das Lied das nun tatsächlich ausdrücken wollte, mag dahingestellt sein – kommen die »Eingeborenen« durch einen wichtigen ersten Schritt alsbald näher: Am 21. Juni 1948 wird in der Trizone sowie in den drei von den westlichen Alliierten kontrollierten Sektoren Berlins die Deutsche Mark eingeführt. Diese Währungsreform ist zugleich Grundstein und Voraussetzung für das in den folgenden fünfziger Jahren einsetzende deutsche Wirtschaftswunder. Aber bis dahin wird noch viel Wasser den Rhein hinunterfließen …

An dieser Stelle muss noch auf das angesprochene Denkmal in Köln eingegangen werden. Dabei handelt es sich um einen bronzenen Brunnen, der auf einem Platz im Severinsviertel zu finden ist und ein Narrenschiff darstellt. Platz und Denkmal weisen denselben Namen auf und erinnern an – Karl Berbuer.

*

In jene Zeit des Zusammenbruchs, des Kohlenklaus und Kungelns, der Inhalts- und Orientierungslosigkeit, des Umbruchs und der allmählich aufkommenden Hoffnung auf eine bessere Zeit bin ich hineingeboren worden, genau am 17. April 1946. Viel habe ich von dem Geschehen in »Trizonesien« natürlich nicht bewusst mitbekommen, aber es war mir wichtig, diese Zeit skizzenhaft Revue passieren zu lassen, damit Sie einen Eindruck davon bekommen, welchen Widrigkeiten die Menschen – und somit auch meine Eltern und meine Familie – damals ausgesetzt waren. »Meine Zeit« fing erst einige Jahre nach der Währungsreform an. Aber der Reihe nach …

KAPITEL 2

Peter der Große

»Wer seinen Vater ehret, der wird auch Freude an seinen Kindern haben.«

DAS BUCH JESUS SIRACH, 3,6

Kennen Sie Peter den Großen? Natürlich! Das ist doch der aus dem Geschlecht der Romanows, der als Zar und Großfürst von Russland Anfang des 18. Jahrhunderts St. Petersburg gründete und sich wenige Jahre vor seinem Tod zum ersten Kaiser des Russischen Reiches hat krönen lassen, oder? Da gebe ich Ihnen in allem Recht, aber ich meine jemand anderen.

Es wird die Rede sein von Peter Heinrichs. Nein, nicht von mir, obwohl nicht wenige, die meinen, mich zu kennen, mir schon immer einen Hang zum Größenwahn bescheinigt haben und sich nicht wundern würden, wenn ich von mir als Peter dem Großen sprechen und mich im Pluralis Majestatis der übrigen Welt mitteilen würde. Mit Peter dem Großen meine ich meinen Vater, von dem ich nun mal denselben Vor- und Nachnamen geerbt habe.

Peter der Große ist wirklich ein ganz Großer gewesen. Zunächst einmal seine Statur: Mit seinen ein Meter achtzig und seinen gut dreieinhalb Zentnern Lebendgewicht, die er schon Mitte der fünfziger Jahre auf die Waage bringt, also noch nicht einmal ein Jahrzehnt nach Kriegsende, ist er eine durchweg imposante Erscheinung. Tritt er durch eine Tür, nimmt er augenblicklich den Raum ein, ist er sofort präsent. Er beherrscht allein schon durch sein Auftreten nahezu jede Situation. Das mag auf den ersten Blick an seinem enormen Leibesumfang liegen, aber es ist etwas anderes, etwas, das zwar auch mit seiner Gestalt zu tun hat, das jedoch bedeutend mehr ist: Peter der Große hat Charisma.

Charisma kommt von innen, drückt sich aus durch einen Habitus, der durch eine Lebenseinstellung gespeist wird, die auf Werten wie Geradlinigkeit, Gerechtigkeitssinn und Großzügigkeit beruht, auf Verlässlichkeit und Aufrichtigkeit, auf Nachsicht und Ehrgefühl einerseits, andererseits geprägt ist von

Mein Vater in den dreißiger Jahren

Fünfziger Jahre: Peter der Große in seinem Element

Selbstachtung und Selbstsicherheit, von Tat- und Durchsetzungskraft. Von all dem hat mein Vater reichlich – kurzum: Peter der Große zeichnet sich durch Seelengröße aus, und daraus erwächst eine Persönlichkeit, der man im Privaten wie im Geschäftlichen mit Achtung entgegentritt. Zu den vielen, die meinem Vater sehr große Hochachtung entgegengebracht haben, gehört auch ein amerikanischer Offizier …

Wenn Mangel den Takt des Lebens vorgibt …

Peter der Große hat mit jedem, der in einer Uniform steckt, und mit allem, was mit Soldatischem in Verbindung gebracht wird, recht wenig im Sinn, folglich auch recht wenig mit der deutschen

Wehrmacht, und schon gar nicht kann er sich als Soldat an der Front sehen. Als einer, der mit Tabakwaren handelt, kommt er aber andererseits gleichwohl mit dem Militär in Berührung, denn Tabak und Cigaretten gehören praktisch zur »Grundversorgung« der kämpfenden Truppe. Da Tabakkonsum bekanntlich sehr gut dazu geeignet ist, aufkommenden Hungergefühlen entgegenzuwirken beziehungsweise Hunger für eine gewisse Zeit vergessen zu machen, besteht bei nahezu allen Wehrmachtsangehörigen ein enorm hoher Bedarf an Tabak und Cigaretten – auf jeden Fall ist während der gesamten Kriegsjahre die Nachfrage danach ungebrochen. Ganz anders sieht es dagegen beim Tabakbedarf in den heimatlichen Gefilden beziehungsweise im privaten Bereich aus. Hier liegt der Handel am Boden, ist mehr oder weniger zusammengebrochen.

Peter Heinrichs kann Tabakwaren liefern – und er liefert, obwohl er mit dem Militär eigentlich nichts zu tun haben will. Aber Peter Heinrichs muss liefern, denn auch er hat Hunger. Außerdem ist da eine Familie zu versorgen, sind nach der Geburt der Töchter Karin (1940) und Brigitte (1943) vier Mäuler zu stopfen. Ich werde nie vergessen, wie Peter der Große einmal zu Peter dem Kleinen, also zu mir, gesagt hat: »Peter, das schlimmste, was es gibt, ist Hunger. Sorge immer dafür, dass du genug zu essen hast. Das ist das wichtigste im Leben überhaupt, wichtiger noch als alles andere, denn wenn du hungern musst, dann bist du gezwungen, Dinge zu tun, die du unter normalen Umständen vielleicht nie tun würdest.« Diese Worte haben sich bei mir eingebrannt, und Gott sei Dank bin ich in meinem Leben – wie auch später meine Familie – von der Plage »Hunger« stets verschont geblieben.

Hat also Peter Heinrichs damals mit den Wölfen geheult, indem er mit einer Institution Handel getrieben hat, die er eigentlich nicht akzeptieren konnte? Man könnte geneigt sein, das so zu sehen.

Doch Vorsicht: Der Grat, auf dem man sich in einem solchen Fall bewegt, ist äußerst schmal – schmal deshalb, weil der heutige Blickwinkel, bedingt durch den enormen zeitlichen Abstand, es nahezu unmöglich macht, bestimmte Alltagssituationen, die vor rund fünfundsechzig Jahren in einem Ausnahmezustand geherrscht haben, objektiv zu beurteilen. Überdies gibt es keine objektive Beurteilung, denn jede Ausführung, jede Aussage wird, selbst wenn sie als »vorurteilsfrei« deklariert ist, durch eine subjektive Sichtweise geleitet.

… und wenn das Herz das Handeln leitet

Die letzten Wochen und Tage des Krieges. Mein Vater hat zwar mit der kämpfenden Truppe nur indirekt zu tun, muss jetzt aber dennoch zur Waffe greifen: Er ist zum »Volkssturm« abberufen worden, um den »Heimatboden« des Vaterlands zu verteidigen. Viel zu verteidigen gibt es in Köln allerdings nicht mehr, denn von Ende Mai 1942 bis Anfang März 1945 sind über dreißig schwere Bombenangriffe auf die Domstadt gestartet worden, und als US-Truppen zwei Tage nach dem letzten Bombardement in Köln einmarschieren, liegt hier praktisch kein Stein mehr auf dem anderen.

Dennoch flammen hier und da Scharmützel auf, angefacht von lokalen, oftmals selbsternannten Befehlshabern und Parteibonzen, die das Ende des nationalsozialistischen Traums von einem Europa beherrschenden »Großdeutschland« nicht wahrhaben wollen. Um es auf einen kurzen Nenner zu bringen: In Köln herrscht in vielen Stadtteilen Anarchie.

Auch Peter Heinrichs folgt der »Einberufung«, obwohl es sie gar nicht geben kann, denn der im Oktober 1944 von der NS-Partei getätigte propagandistische Aufruf an alle »waffenfähigen Männer im Alter von sechzehn bis sechzig Jahren«, das Deutsche Reich zu verteidigen, ist mit keinem Gesetz verbunden. Vor allem viele Jugendliche, in der NS-Zeit aufgewachsen und sozialisiert, kommen diesem Aufruf nach und sind, fehlgeleitet von einer menschenverachtenden Propaganda, bereit, dem Feind mit der Waffe entgegenzutreten. In dem Antikriegsfilm *Die Brücke* von Bernhard Wicki aus dem Jahre 1959 wird diese Haltung auf erschreckende Weise deutlich. Am Ende bleibt nur einer von sieben sechzehnjährigen Klassenkameraden am Leben – emotional verstört und seelisch zerstört. Zuvor jedoch sind die Jungen von ihrer »Aufgabe« geradezu beseelt und tun alles, um ihren »Auftrag« – eine kleine Brücke gegen den Feind zu verteidigen – mit allen Mitteln zu erfüllen.

In dieser wirren Zeit ist es gefährlich für Leib und Leben, sich derartigen Aufrufen zu entziehen. Auch in Köln: Allein von Januar bis März 1945 werden hier von der Gestapo achtzehnhundert in- und ausländische Widerstandskämpfer umgebracht, wobei mitunter die jeweiligen Verantwortlichen einer operierenden Gruppe bestimmen, wer ein Widerstandskämpfer ist und wer nicht. Willkür allerorten.

Wie gesagt, auch Peter der Große greift notgedrungen zur Waffe – um sie danach nicht zu gebrauchen. Selbst dann nicht, als seine kleine Einheit in Köln-Königsforst einen GI gefangen nimmt und er sich bereiterklärt, den US-Soldaten zu erschießen. Er führt ihn in ein nahe gelegenes Wäldchen – und lässt ihn laufen. Das war eine Tat, die mit seinem Tod hätte enden können. »Aber ich konnte doch nicht einfach einen Menschen erschießen«, sagte er später einmal zu mir, »einen Menschen, der mir nichts getan hatte und der genauso an seinem beschissenen Leben hing wie ich an meinem!« Auf meine Frage, ob er denn nicht die Konsequenzen für ihn bedacht hätte, antwortete er: »In einem solchen Augenblick denkst du an gar nichts. Du weißt nur, dass du eine solche Tat nicht begehen kannst, weil sich so etwas nicht mit deinem Gewissen vereinbaren lässt. Folglich denkst du in einem solchen Moment auch nicht an eventuelle Konsequenzen, weil du dafür überhaupt keinen Sinn hast. Du weißt nur: Ich habe nicht das Recht, vor allem nicht das von Gott gegebene Recht, einen Menschen einfach zu töten.« Gott sei Dank ist der Krieg bald darauf vorbei, und Peter der Große kann wieder freier atmen.

Nicht nur das: Kurz nach Ende des Krieges erhält mein Vater als erster Kölner Tabakwarenhändler vom US-Militär die Konzession, Tabak zu verkaufen. Das hat eine Kommission der Amerikaner entschieden, die Köln-Königsforst für ihren Standort gewählt hat – und geleitet wird sie von jenem Offizier, dem Peter der Große das Leben gerettet hat. Man sieht sich eben immer zweimal im Leben ...

Noch heute bin ich stolz auf meinen Vater. Er war und ist immer noch mein großes Vorbild. Wenn ich über ihn spreche, dann ist er für mich der große Peter, wohingegen ich, verglichen mit ihm, nur der kleine sein kann. Obwohl er in den fünfziger Jahren zu Wohlstand kam, war es nie das Geld, das mich für ihn einnahm. Vielmehr war es die Größe seiner inneren Haltung – Peter Heinrichs dachte und handelte groß, posaunte das aber nie heraus. Wenn ich ihn (was er übrigens nicht mochte) auf seine »Heldentaten« ansprach – er hatte nicht nur dem US-Offizier das Leben gerettet, sondern auch mehrere jüdische Mitbürger bei ihrer Flucht nach London unterstützt –, wenn ich also darauf zu sprechen kam, meinte er nur: »Ach Junge, es sind immer die anderen, die einen zum Helden machen. Sich selbst sieht man nicht als Überfigur. Man handelt stets so, weil man meint, so und nicht anders handeln zu müssen. Das Beste ist, seinem Gefühl zu folgen. Dem kannst du blind vertrauen, denn dein Gefühl wird von deinem Gewissen geleitet. Natürlich musst du in geschäftlichen Dingen deinen Verstand einschalten, aber auch der wird immer von deinem Gewissen gelenkt. Deswegen kam ich auch nie mit den Braunhemden zurecht.« Wenn ich dann etwas mehr über diese »Braunhemden« wissen wollte, wiegelte er in der Regel ab: »Ein andermal.« Um anschließend meist zu sagen: »Komm, es ist an der Zeit, etwas zu essen ...«

Gegen Ende der fünfziger, mehr noch in den sechziger Jahren, der Zeit der Studentenunruhen, aber auch noch in unseren Tagen fühlt sich so mancher dazu berufen, den Stab über die Väter und Großväter zu brechen, über eine Generation, die in einer Zeit gelebt hat, die heute nur schwer vorstellbar, die aber immer noch – und das ist gut so – in Schulen und Medien, in Filmen und Diskussionen präsent ist. Natürlich haben Tausende in diesen Jahren des Terrors und der Blockwarte jegliches Menschliche hinter sich gelassen, haben bestialisch getötet und mit Lust gemordet. Dass diese Anhänger einer Ideologie, diese Spießgesellen eines Machtsystems, das schon im Kern zum Scheitern verurteilt war, nach dem Krieg von einer wie auch immer gearteten Aufbereitung der NS-Zeit nichts wissen wollten, um sich lieber das Mäntelchen eines aufrechten Demokraten umzulegen, ist zwar verwerflich, aber durchaus nachzuvollziehen. Reden ist Silber, Schweigen ist Gold – manchmal kann eine Volksweisheit auch missbraucht werden.

Dass aber auch Tausende von Menschen, die sich in jener Zeit der Ängste und Entbehrungen, des Mangels und der Not wenigstens nach Minuten der Normalität sehnten, nicht gerne an diese Zeit erinnert wurden, sondern einfach nur vergessen wollten, indem sie versuchten zu verdrängen – auch das ist nachvollziehbar. Im Nachhinein kann ich verstehen, warum mein Vater nicht gerne über die Geschehnisse jener Jahre sprach.

Bitte Hamburg und zurück …

Nach dem Okay der Amerikaner ist für Peter und seinen Bruder Leo Peter an eine Wiedereröffnung des zuletzt am Kölner Heumarkt gelegenen Tabakwarengeschäfts ›Pfeifen Heinrichs‹, das die beiden schon seit 1925, nach dem Tod des Vaters, zusammen betreiben, nicht zu denken. ›Pfeifen Heinrichs‹ kann jetzt auf knapp vierzig Jahre Existenz zurückblicken: Vater Jakob Peter hat seine Kunden erstmals 1908 in der Marcellenstraße nahe des Doms bedient. Mit der Zeit ist ein Tabakwarengroßhandel hinzugekommen, der von den beiden Brüdern geleitet wird, die sich auch die Arbeit im Laden teilen. »En gros und en detail« heißt das damals, wenn gleichzeitig Groß- und Einzelhandel betrieben werden.

Gleichwohl ist im Bereich Tabakwaren der Handel insgesamt so gut wie nicht existent. Zwar gibt es einige Produkte, die man erwerben und mit denen man handeln kann, aber die sind entweder nur mit großem Aufwand zu bekommen – von einer Infrastruktur kann man damals wahrlich nicht sprechen – oder sind exorbitant teuer, so etwa amerikanische Cigaretten. Zudem macht der Schwarzmarkt allen Kaufleuten, die von den Besatzungsmächten inzwischen die Erlaubnis erhalten haben, wieder ihrer früheren Tätigkeit nachzugehen, schwer zu schaffen.

Not macht erfinderisch. Und so sieht man alsbald den großen Peter mit winzigen Tabaksamen durch die Straßen ziehen und

Freunde und Bekannte aufsuchen, die über einen Balkon verfügen oder, noch besser, ein keines Stück Garten – die Tabakzucht auf Kölsch beginnt. Da Tabakpflanzen sehr schnell wachsen, kann man schon nach rund drei Monaten ernten. Danach macht sich mein Vater mit den geernteten Pflanzen per Zug auf den Weg nach Hamburg. Ziel ist die heute in Lübeck ansässige Firma ›Joh. Wilh. von Eicken‹. Wie so viele andere Produktionsstätten ist auch die Fabrik des alteingesessenen Familienunternehmens, schon 1770 in Mülheim an der Ruhr gegründet, im Zweiten Weltkrieg von Bombenabwürfen nicht verschont geblieben, aber Teile davon stehen noch. Hier wird dann der Tabak aus der Domstadt fermentiert und schließlich zu Cigaretten weiterverarbeitet. Wenn nun Peter Heinrichs das nächste Mal mit seinen Tabakpflanzen in die Hansestadt an der Elbe kommt, kann er fertige Cigaretten mit nach Köln nehmen. Einen Teil davon verteilt er an die heimischen »Tabakzüchter«, während der große Rest in den Verkauf geht.

Dieser Kreislauf hält auch dann noch an, als sich die Versorgungslage auf dem Tabakmarkt allmählich zum Positiven entwickelt und die beiden Brüder ihren Laden am Heumarkt wiedereröffnen. Das geschieht 1946, und schon ein Jahr darauf tut schließlich eine Neonreklame weithin allen kund: ›Pfeifen Heinrichs‹ ist wieder da!

Aus jener Zeit stammt auch das folgende Lied, das die bekannte Kölner Mundartmusikgruppe ›De Vier Botze‹ (›Die vier Hosen‹) komponiert und getextet hat:

Hööt ihr Lükche, wie et dät klinge
vun d'r gode aale Zick,
wo de Lämpche däte schinge,
doch die Zick kütt jetz zoröck.

Opp demm Gürzenich, do brenne jez widder
de Lämpsche, un se schinge su hell un su nett.
Un dämm Heinrichs sing wunderbare Finstere,
sin widder dekuriert un sauber un adrett.
Dann kumme de Lückche vun noh un fäns gelofe
kaufe Rauchwaren aller feinster Art.
Denn dä Pfeiffen Heinrichs, dä ess bekannt
für en prima Qualität en Stadt un Land.

Auf Hochdeutsch entfallen zwar die sich reimenden Zeilenenden, aber dennoch soll die »Übersetzung« hier nicht fehlen:

Hört ihr Leute, wie es klingt
aus der guten alten Zeit,
wo die Lichter scheinen,
doch die Zeit kommt jetzt zurück.
Am Gürzenich brennen jetzt wieder
die Lichter, scheinen hell und schön.
Und dem Heinrichs schöne Fenster
sind wieder dekoriert, sauber und adrett.
Dann kommen auch die Leute von nah und fern,
kaufen Rauchwaren der feinsten Art.
Denn der Pfeifen-Heinrichs ist bekannt
für beste Qualität in Stadt und Land.

Zu den Mitgliedern der 1933 entstandenen Instrumental- und Gesangsgruppe gehörte neben Hans Süper senior, Hans Philipp Herrig und Jakob Ernst auch Richard Engel, Vater von Thomas Richard (»Tommy«) Engel, 1970 Mitbegründer und bis 1994 Frontmann der weit über die Grenzen der Domstadt hinaus bekannten Mundartmusikgruppe ›Bläck Fööss‹ (›Die nackten

Kölner »Tabakzüchter« stehen vor dem Laden von ›Pfeifen Heinrichs‹ Schlange, um sich die Cigaretten abzuholen, die sie sich durch ihren Tabakanbau verdient haben

Füße‹). Mit Tommy Engel verbindet mich übrigens eine jahrelange Freundschaft, und das nicht nur, weil er wie ich aus Köln-Sülz stammt und begeisterter Cigarrenraucher ist, sondern vor allem, weil er einer der liebenswertesten Menschen ist, die ich kenne.

Nach der Währungsreform, als mit einem Mal die Läden voll sind und scheinbar jedem Kaufwunsch entsprochen werden kann, starten die beiden Brüder so richtig durch: Binnen weniger Jahre entstehen nach und nach weitere Verkaufsläden: Neben dem wichtigen Standbein Großhandel und dem Geschäft am Heumarkt gibt es ›Pfeifen Heinrichs‹ auch nahe der Hohenzollernbrücke sowie in der Komödien- und der Marcellenstraße.

Der Wohlstand wächst – und mit ihm der Bauch von Peter dem Großen. Während Bruder Leo Peter trotz guten Essens immer schlank daherkommt, lässt der gesegnete Appetit meines Vaters seine Taille weithin sichtbar anschwellen, bis sie irgendwann ganz verschwunden ist. Sein Aussehen kümmert ihn aber herzlich wenig, denn nach den entbehrungsreichen Kriegsjahren will er es sich einfach nur gutgehen lassen – schließlich kann er es sich leisten. Peter Heinrichs lebt auf der Überholspur.

… und bitte Monte Carlo und zurück

Apropos Überholspur. Auf der bewegt er sich beziehungsweise lenkt er seinen Wagen, einen ›Opel Kapitän‹, des Öfteren, vornehmlich dann, wenn er für längere Strecken eine der wenigen Autobahnen wählt, die es im Nachkriegsdeutschland gibt. Dieser ›Opel‹ mit seiner markanten »Haifischschnauze« gehört zusammen mit dem ›Mercedes 220‹ und dem ›BMW V8‹, im Volksmund »Barockengel« genannt, zu den imposantesten Fahrzeugen im seinerzeit noch recht übersichtlichen Straßenverkehr: Er erreicht mit seinen 58 Pferdestärken eine Höchstgeschwindigkeit von 130 Kilometern in der Stunde – eine durchaus beachtliche Leistung für die damalige Zeit. Die erwähnten Karossen gehören allesamt der Oberklasse an und haben somit auch ihren Preis. Der beträgt beispielsweise für den ›Kapitän‹ um die zehntausend Mark – kein Pappenstiel in den fünfziger Jahren.

Peter Heinrichs, der sonst wenig Wert auf Äußerlichkeiten legt, macht hier eine Ausnahme, denn solch ein Gefährt macht schon etwas her und weist seinen Besitzer als einen wohlhabenden Mann aus. Doch darum geht es ihm gar nicht: Mein Vater hätte weder in einen ›Lloyd LP 600‹ noch in ein ›Goggomobil‹, geschweige denn in eine ›BMW Isetta‹ oder in den ›Messerschmidt Kabinenroller KR 175‹ gepasst – und wenn er sich doch in einen dieser fahrbaren Untersätze gezwängt hätte, hätten aufgrund seines Gewichts seine Füße wohl den Unterboden durchstoßen.

Außerdem: Wenn ein Familienausflug mit dem Auto ansteht, müssen sechs Personen befördert werden. Neben meinem Vater sitzt dann meine Mutter (Peter und Anne sind seit 1939 verheiratet), während sich Karin, Brigitte, Änne – sie ist 1948 zur Welt gekommen – und ich die Rückbank teilen. Sobald das Gepäck im Kofferraum seinen Platz gefunden hat, geht es los – sogar bis nach Monte Carlo. Das muss einfach sein. Weil mein Vater in Groß- und Einzelhandel beruflich sehr eingebunden ist, kann er mit seiner Familie nur einmal im Jahr einen gemeinsamen Urlaub verbringen, und weil das so ist, soll es stets etwas ganz Besonderes sein – zwei Wochen Monte Carlo sind da genau richtig. Punkt und Schluss. Auch die Zimmersuche gestaltet sich in dem Fürstentum an der Côte d'Azur stets recht einfach: Es wird nicht lange nach einer preiswerten Unterkunft gesucht, sondern die Familie Heinrichs zieht direkt in das ›Hôtel de Paris‹ ein, das erste Haus am Platze und nobel bis unters Dach. Wenn schon, denn schon. Bezahlt wird alles natürlich in bar. EC-, gar Kreditkarten sind damals absolute Fremdwörter und langwierige Postanweisungen mit jede Menge »Gedöns« verbunden – so der Ausdruck im Rheinland für etwas, das nur mit viel Aufhebens bewerkstelligt werden kann. Solche Abläufe mag mein Vater überhaupt nicht.

Insgesamt dreimal geht es ans Mittelmeer, aber auch der Vierwaldstätter See und Cuxhaven sind Ziele, die es Peter Heinrichs angetan haben. In der Stadt an der Elbemündung sitzt er dann mit der geliebten Cigarre stundenlang auf der Mole und schaut aufs Meer, ist es doch sein sehnlichster Wunsch, einmal eine große Seefahrt zu machen. Leider soll es dazu nie kommen …

Auf jedes Tief …

Die Geschäfte gehen also gut. Zu gut. Peter Heinrichs ist Zeit seines Lebens jemand, der sich für das Große zuständig fühlt. Immer weit in die Zukunft denkend, entwickelt er nicht nur Ideen, sondern setzt sie auch um. Da ist kein Platz für alles Alltägliche, das anfällt. Er kümmert sich zwar auch um die kleinen Sachen, doch was er delegieren kann, das gibt er aus der Hand. So auch die Buchführung. 1956 kommt dann ein Brief vom Finanzamt: Steuernachzahlung! Nicht irgendein Kleckerbetrag, sondern einer im hohen fünfstelligen D-Mark-Bereich. Es ist das erste und einzige Mal, dass ich meinen Vater weine sehe. »Was soll ich nur machen?«, sagt er zu mir, dabei die Frage eher an sich gerichtet. »So viel auf einmal kann ich nicht bezahlen. Hätte die Buchhalterin doch den Mund aufgemacht und mir einmal etwas gesagt! Aber ich kann und will der guten Karla Müller keinen Vorwurf machen, denn nach wie vor bin ich für all das verantwortlich, was in der Firma vor sich geht. Das mit der Nachzahlung ist jedenfalls eine verdammt schlimme Sache – schließlich und endlich muss ich auch und vor allem an meine Angestellten denken. Die haben ein Recht auf pünktliche Lohnzahlung, denn wovon sollen sie denn sonst ihre Miete bezahlen und ihre Familie ernähren …«

Sein erster Weg führt ihn zum Leiter des Finanzamts. Bei dem hat er aber schlechte Karten: Mit Karl Müller, einem ehemaligen strammen SS-Mann, der es 1948 wie so viele seiner Gesinnungsgenossen geschafft hat, sich nach einem erfolgreich verlaufenden Entnazifizierungsverfahren von aller Schuld reinzuwaschen und einen Persilschein anzukleben, hat er es noch nie gut gekonnt – Karl Müller gewährt weder einen Aufschub noch eine Ratenzahlung.

... folgt ein Hoch

Irgendwie schafft es mein Vater dann doch, dem Finanzamt das zu geben, was es gefordert hat. Wie er das bewerkstelligt hat, habe ich nie erfahren. Allerdings ist er nicht zu einer Bank gegangen, um einen Kredit aufzunehmen (der bestimmt gewährt worden wäre), denn Schulden bei einer Bank – die will er nie haben (und hat sie auch nie gehabt), vor allem auch deshalb, weil er Abhängigkeit für einen schlechten Wegbegleiter hält. Keine Schulden zu haben bedeutet für ihn auch, jedem auf Augenhöhe entgegentreten zu können. Das ist für ihn ein persönliches ehernes Gesetz, dem er noch ein zweites an die Seite gestellt hat: sein Leben lang auf Eigentum zu verzichten. »Du bindest dir mit einem eigenen Haus, mit einem eigenen Gewerbegebäude was ans Bein, kannst demnach in bestimmten Situationen nicht so flexibel reagieren, wie es vielleicht erforderlich wäre«, hat er einmal zu mir gesagt. Ich habe nahezu alles von Peter dem Großem, meinem absoluten Vorbild, eins zu eins übernommen, aber sowohl an Bankschulden als auch am Erwerb von Eigentum geht später kein Weg vorbei. Aber hierzu an anderer Stelle mehr ...

Wie dem auch sei: Die finanzielle Lage im Hause Heinrichs verbessert sich zusehends. Damit nicht genug: Innerhalb eines halben Jahres hat er zweimal sechs Richtige im Lotto – und gewinnt damit zweimal eine halbe Million Mark. Unvorstellbar, dieses Glück – ich weiß nicht, ob es jemals davor und jemals danach jemanden gegeben hat, der in solch kurzer Zeit zweimal den Lottohöchstgewinn ausbezahlt bekommen hat. Unvorstellbar auch die damalige Summe von einer Million Mark, gleichzusetzen mit einem zweistelligen Euro-Millionenbetrag in der heutigen Zeit. Und was sagt Peter der Große dazu? »Das Glück ist manchmal mit dem Tüchtigen«, so sein lapidarer Kom-

Vater, Mutter und Sohnemann freuen sich aufs Essen

mentar. Als eingefleischter Kölner hätte er auch sagen können: »Et kütt, wie et kütt.«

Die fette Sau ...

Das Leben auf der Überholspur läuft danach noch etwas schneller ab, wobei gutes Essen stets im Vordergrund steht. Auch für mich. Peter der Kleine will auch so groß werden wie sein Vater und folgt ihm in puncto Appetit nach. Übermäßiger Anstrengung bedarf es da nicht, denn die Entwicklung zu einem kleinen, properen Sumoringer ist mit beachtlichen zwölf Pfund Geburtsgewicht mehr oder weniger vorgezeichnet. Kontinuierlich und mit großem Engagement baue ich in den Jahren dieses Ausgangsgewicht aus, bin schnell der dickste Junge, der in Köln-Sülz herumläuft, und bis zu meiner Einschulung habe ich diesen Rang mit Bravour verteidigt. »Da ist wieder die fette Sau« – diese Titulierung, die ich mehr als einmal gehört habe, macht mich natürlich traurig. Peter der Große tröstete mich auf seine Weise: »Wenn zu dir jemand sagt, du bist zu dick, dann sagst du: Dickheit kann vergehen, Dummheit nicht.« Ich aber schwöre mir damals, es all jenen zu zeigen, denen nur der Ausdruck »fette Sau« in den Sinn kommt, wenn sie mich ansprechen. Beleidigungen, Bosheiten und Erniedrigungen, die einem widerfahren, können ein großer Ansporn sein, irgendwann besser dazustehen als diejenigen, die einen gekränkt haben.

Der ungezügelte Appetit, den Peter der Kleine an den Tag legt, bleibt logischerweise nicht ohne Folgen: Mit elf Jahren wiege ich stolze zweihundertzwanzig Pfund – und meine Hüfte macht einfach nicht mehr mit. Ich bekomme in der Klinik von Professor Karl Müller in Köln-Ehrenfeld ein künstliches Hüftgelenk eingesetzt und liege zehn Monate in Gips, um danach zwei bis drei Monate damit zu verbringen, wieder richtig laufen zu lernen. Natürlich habe ich in der Zeit etliche Kilogramm verloren, brauche aber dank unermüdlichen Einsatzes nur kurze Zeit, um meine Waage nicht zu enttäuschen – sie kann mir schon nach kurzer Zeit das ehedem gewohnte Gewicht kundtun. Aber mein Entschluss, es allen zu zeigen, der bleibt bestehen (und mein Gewicht sollte ich auch in den nächsten Jahren in den Griff bekommen).

… und ein trauriger junger Mann

Im Januar 1962 stirbt Peter Heinrichs. Das Leben auf der Überholspur ist jäh gestoppt worden. Schon seit Jahren hat sein Herz

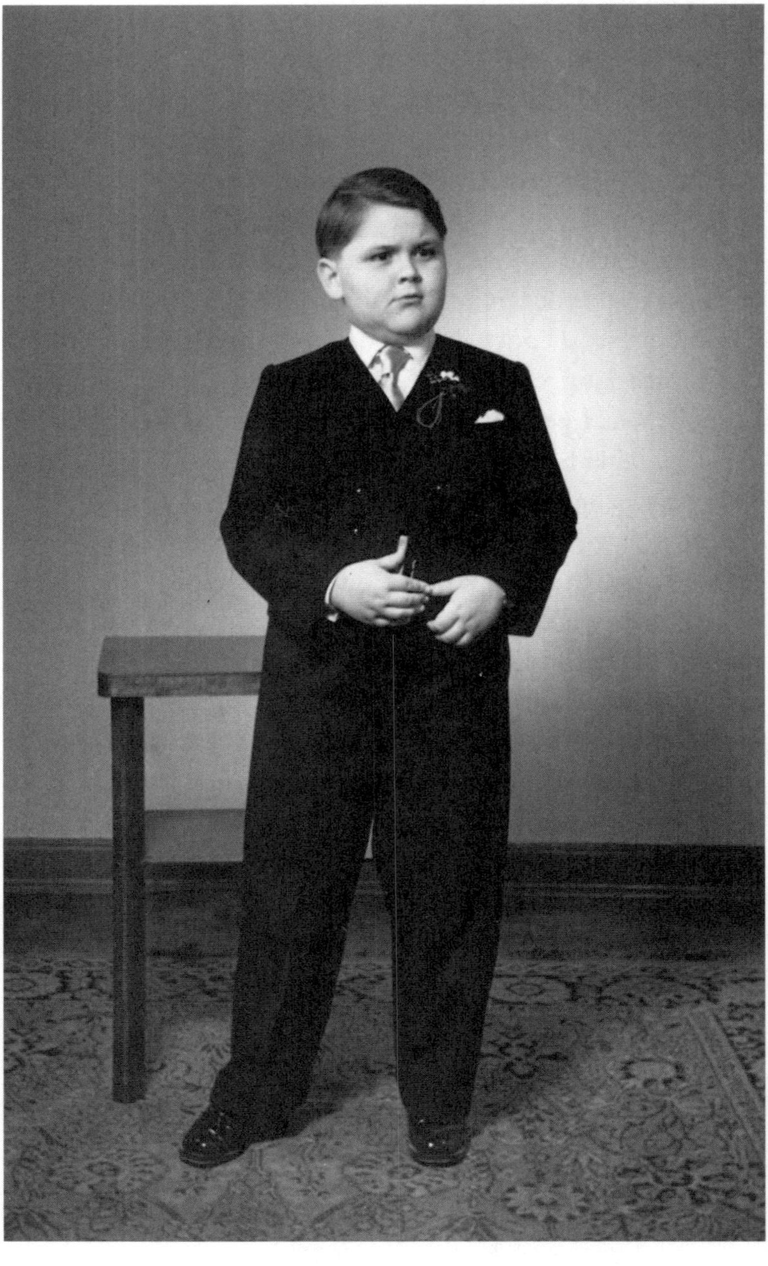

nicht mehr richtig mitgemacht, ist er zuckerkrank gewesen, hat er Wasser in den Beinen gehabt. Das alles ist einfach zu viel für seinen Körper gewesen.

Ich bin unendlich traurig. Erst knapp zwei Jahre zuvor habe ich bei ihm eine Lehre als Großhandelskaufmann begonnen. Die kann ich im neu gegründeten Einzelhandelsgeschäft seines Bruders in der Martinstraße nahe dem ›Gürzenich‹ fortführen, das im April desselben Jahres eröffnet wird und in das meine Mutter dreihundertvierzigtausend Mark steckt. Nach abgeschlossener Ausbildung soll ich dann die Firma ›Pfeifen Heinrichs‹ zusammen mit meinen Cousins Ernst und Leo weiterführen. Ein neuer und interessanter Abschnitt in meinem Leben steht also bevor. Dieser Abschnitt soll sich jedoch als ein Einschnitt herausstellen, und zwar als ein sehr tiefer – tiefer, als ich es mir je hätte träumen lassen ...

KAPITEL 3

Ein Kleiner im großen Geschäft

»Arbeit bedeutet atmen für mich. Wenn ich nicht arbeiten kann, kann ich nicht atmen!«

PABLO PICASSO, spanischer Maler, Grafiker und Bildhauer

Natürlich ist der Tod Peters des Großen ein starker Einschnitt in meinem Leben gewesen. Für mich stellt sich seinerzeit vor allem die Frage, wie ich ohne meinen Vater zurechtkommen würde. Trotz einiger Bedenken läuft es gut an, auch deshalb, weil ich zu meinem Onkel Leo Peter, einem Menschen, der stets um Ausgleich bemüht gewesen ist, ein gutes Verhältnis gehabt habe. Zudem kann sich das neu eröffnete Geschäft in der Martinstraße über einen Mangel an Zulauf nicht beklagen – ideale Voraussetzungen also, um ausreichend elementare Erfahrungen in der Begegnung mit Kunden zu sammeln.

Für jenen Zulauf hatte mein Vater schon früh den Grundstein gelegt, als er, wie im letzten Kapitel ausführlich erzählt, mit dem Tabak seiner privaten »Zulieferer«, den diese »Gehilfen« auf ihren Balkons und in ihren Gärten gezogen hatten, in Richtung Norden gefahren und nach seinem nächsten Besuch bei der Tabakfabrik ›Joh. Wilh. von Eicken‹ mit fertigen Cigaretten zurückgekehrt war, um dann einen Teil davon an besagte Zulieferer auszuhändigen. Geld für den Tabak bezahlte er nicht, doch seine »Geschäftspartner« waren gleichwohl erfreut über diese Zuteilung – schließlich konnten Waren jeglicher Art, vom Schwarzmarkt einmal abgesehen, nur mit Bezugsscheinen »bezahlt« werden. Es war dieser Naturalienhandel gewesen, mit dem er den erwähnten wichtigen Grundstein für das nach dem Krieg prosperierende Geschäft gelegt hatte: All jene Menschen, die er in sein Tun einbezogen hatte, erweiterten im Köln der fünfziger Jahre den ohnehin schon ansehnlichen Kundenstamm der Firma ›Pfeifen Heinrichs‹.

Wer zudem in der Nähe des ›Gürzenichs‹ ein Geschäft betreibt und mit Waren handelt, die einfach dazugehören, wenn der rheinische Frohsinn ausgelebt wird (und der Tabak ist so eine Ware), der hat, wenn er sich nicht gerade ausgesprochen däm-

Stets das große Vorbild: Der Sohn vor dem Porträtfoto des Vaters

lich anstellt, in relativ kurzer Zeit Zugang zu den »besseren Kreisen« Kölns, ist irgendwann mit den Honoratioren auf Du und Du. Wohnt jemand nicht in der Domstadt, spricht er in diesem Zusammenhang gerne – und etwas despektierlich – vom »Kölschen Klüngel«. Der Kölner sieht das naturgemäß anders: Wer mit seinen Geschäftspartnern, tatsächlichen wie potentiellen, keinen vertrauensvollen Umgang pflegt, der wird zwar vielleicht sein Auskommen haben, also genug zum Überleben, doch ein »gutes Leben« wird er schwerlich führen können.

Undurchsichtige Vorgänge

Und der Familie Heinrichs wie auch der Firma ›Pfeifen Heinrichs‹ geht es wirklich gut nach dem Tod meines Vaters. Peter der Große ist nicht nur einer der angesehensten Bürger seiner Stadt gewesen, sondern hat auch zu den reichsten Bewohnern in der Metropole am Rhein gehört, hat seinen Angehörigen jedenfalls ein beträchtliches Vermögen hinterlassen.

Nachdem ich mit knapp vierzehn Jahren meinen Abschluss auf der Volksschule gemacht hatte, hatte ich, wie schon gesagt, bei meinem Vater eine Lehre begonnen – und konnte sie nach seinem Tod bei meinem Onkel fortführen und beenden. Gott sei Dank hatte die ›Industrie- und Handelskammer zu Köln‹ grünes Licht für die Fortsetzung meiner Lehre zum Großhandelskaufmann in einem Einzelhandelsgeschäft gegeben.

Wer gerade seine Ausbildung abgeschlossen hat und ein eigenes Geschäft im Rücken weiß, der schmiedet in seinem jugendlichen Elan natürlich Pläne, überlegt, wie er eine gutgehende Firma noch weiter nach vorne bringen kann. So auch ich. Doch daraus wird nichts – ich kann meine Ansätze auf den Haufen meiner bisherigen Lebensgeschichte werfen. Mir wird von meinen Vettern zunächst bedeutet, dass ihre Vorstellungen von der Zukunft des Geschäfts erheblich von den meinigen abweichen, und dann heißt es auf einmal, dass man außerdem für die Realisierung von Plänen nun mal ausreichend Kapital benötige, das aber nicht vorhanden sei. Diese Aussage haut mich um, und selten in meinem Leben bin ich derart sprachlos gewesen. Das will bei mir schon etwas heißen ...

Auf meine Fragen, wo denn das ganze Geld geblieben sei, bekomme ich zwar viele Antworten, aber keine, die mich zufriedenstellen kann. Meine Enttäuschung ist grenzenlos, wobei ich vor allem das Verhalten meiner Mutter nicht nachvollziehen kann. Dass meine beiden Cousins im Hintergrund intrigieren, ist mir schnell klar, auch dass mein Onkel Leo Peter nicht mehr die Kraft und die Entschlossenheit besitzt, um zwischen allen zu vermitteln, leuchtet mir ebenfalls nach kurzer Zeit ein, aber meine Mutter ...

Mit der Zeit ist mir klar geworden, dass sie einfach mit der Situation überfordert und zu schwach war, um einmal auf den Tisch zu hauen und für klare Verhältnisse zu sorgen. Was natürlich auch mit ihrer Biografie zu erklären ist: Während sich mein Vater um alles Geschäftliche gekümmert hatte, waren Haushalt und Kinder ihr Reich gewesen. Solche »Arbeitsteilung« war in den fünfziger und sechziger Jahren der absolute Normalzustand.

Ein Sprung ins kalte Wasser

Es kommt schließlich einiges zusammen – genug, um der lieben Familie recht bald den Rücken zu kehren. Da ist zunächst einmal der respektlose, ja beleidigende Umgang mit meiner Freundin. Gertrud – ich habe mein zwei Jahre jüngeres »Traudchen« mit sechzehn kennengelernt – hat sich trotz (oder vielleicht gerade wegen) meiner sehr fülligen Gestalt in mich verliebt, wobei diese Liebe auf Gegenseitigkeit beruht (und bis heute gehalten hat). Übrigens ist Traudchen die erste Frau in meinem und bin ich der erste Mann in ihrem Leben. Das mag manchem vielleicht ungewöhnlich vorkommen, gerade in einer Zeit, in der sich nicht wenige damit brüsten, schon soundso oft fremdgegangen zu sein. Solche Anwandlungen sind uns beiden nie in den Sinn gekommen. Ich meine ja auch: Fremdgehen bedeutet immer Stress, und das kann nicht gut sein für Gemüt und Seele.

Traudchen ist keine Arbeit zu viel. Schon mit zehn Jahren hat sie morgens Brötchen ausgetragen, um die Familie – ihre verwitwete Mutter und ihre beiden älteren Brüder sowie ihre jüngere Schwester – zu unterstützen, denn Geld ist bei der Familie Bayer aus Köln-Vogelsang seit dem frühen Tod des Vaters im Jahre 1957 stets knapp. Sonntags zum Beispiel kommen Wurstenden auf den Tisch, die Traudchens Mutter im ›Konsum‹, ihrer Arbeitsstelle, für wenig Geld bekommen kann. Diese Wurstenden sind ein Festessen für die Familie Bayer. In dem kleinen Reihenhaus auf dem Birkhuhnweg in Köln-Vogelsang sind die wirtschaftlichen Verhältnisse alles andere als rosig …

Doch zurück zum wenig angenehmen Umgang der lieben Familie mit meiner Freundin. Schon kurz nach unserem Kennenlernen steht Traudchen morgens um fünf Uhr im Laden in der Martinstraße und greift dort zu Eimer und Wischer, ehe sie danach über die Straße zu ›Moni Moden‹ eilt, wo sie eine Lehre als Einzelhandelskauffrau für Damenoberbekleidung macht.

Für ihren Einsatz bei ›Pfeifen Heinrichs‹ bekommt sie wenig Dank. Mehr noch: Sie wird eher als »Putze« angesehen, weniger als meine Freundin akzeptiert. Da sich in raschen Abständen wenig erfreuliche Szenen abspielen, ist es bald nicht mehr zum Aushalten. Wenn eine Atmosphäre dermaßen vergiftet ist, dass die Luft das Atmen schwer macht, ist es am besten, das Feld zu räumen, um sich nicht an Bosheiten und Gehässigkeiten unnötig aufzureiben.

Es muss etwas geschehen, und es geschieht etwas. Nachdem sich Traudchen und Peter der Dicke verlobt haben – von der komplett eingeladenen Familie ist lediglich meine Schwester Änne erschienen – und mir meine Mutter bei meinem Auszug aus der elterlichen Wohnung (oder ist es ein Rausschmiss gewesen?) gönnerhaft ganze dreitausend Mark zugesteckt hat, beginnt ein weiterer – und höchst aufregender – Abschnitt in unserem Leben.

Da ich von meinem Vater gelernt habe, dass nur großes Denken die Voraussetzung dafür ist, auch Großes zu erreichen, und da ich überzeugt bin, dass Experimente, etwa im Hinblick auf eine andere Branche, in unserer Situation nicht gerade sinnvoll sein können, kommt für mich letztendlich nur eines in Frage: Ich gründe einen Tabakwarengroßhandel, denn in dem Bereich kenne ich mich aus – getreu dem Motto: Schuster bleib bei deinem Leisten.

Dreitausend Mark sind damals zwar nicht wenig Geld, sind aber nur der sprichwörtliche Tropfen auf den heißen Stein, wenn man die Absicht hat, einen solchen Großhandel ernsthaft zu betreiben. Es muss also Geld her, viel Geld. Ich wende mich an einen alten Freund meines Vaters, den jüdischen Privatbankier Karl Götte, und der erklärt sich bereit, mir einen Kredit von zweihunderttausend Mark zu gewähren – sofern ich einen Bürgen stellen kann. Der ist schnell gefunden, und zwar in Gestalt eines Kaffeehändlers, der seine Ware von Haus zu Haus verkauft, ebenfalls ein jüdischer Mitbürger und ein ehemaliger Freund Peters des Großen.

Zwischen Puff und Klingelpütz

Um es gleich vorweg zu sagen: Ohne mein Traudchen ständen wir heute nicht so gut da. Alles, was wir erreicht haben, ist zu einem großen Teil ihr Verdienst. Am Anfang, als es uns schlecht ging, hat sie frühmorgens Brötchen und Zeitungen ausgetragen, und tagsüber hat sie geputzt und mich in der Firma unterstützt, und auch heute noch kann ich mich hundertprozentig auf sie verlassen.

Ich bin siebzehn Jahre alt, als ich den Großhandel gründe – und damit übrigens der Jüngste in der Tabakbranche, der jemals solch einen Schritt gemacht hat. Weil zur damaligen Zeit nur derjenige einen Betrieb führen darf, der mit dem Alter von einundzwanzig Jahren die Volljährigkeit erreicht hat (und somit geschäftsfähig ist), muss vor allem anderen ein Vormundschaftsgericht mich für volljährig erklären (was auch geschieht).

Wir starten mit großem Elan. »Wir«: Das sind Traudchen, ihre beiden Brüder Walter und Willi und ich, wobei wir gelegentlich von der Mutter meiner drei Weggefährten unterstützt werden. Von Beginn an betreiben wir eine aggressive Preispolitik, bieten zudem einen umfassenden Service einschließlich Tag- und Nachtdienst an – für die damalige Zeit sehr ungewöhnlich, aber in unseren Augen absolut notwendig, da es ein rundes Dutzend Tabakwarengroßhandelsfirmen in Köln gibt und wir, von den Konkurrenten als »Rucksackgrossist« belächelt, noch zu den Kleinen gehören. Wenn etwa Dr. Helmut Robens, Präsident der Großhandelsvereinigung für den Kölner Raum und Betreiber einer Kiesfabrik, zusammen mit seiner Frau, Inhaberin von ›Quack Tabakwaren‹, zu einer Versammlung bittet, darf ich meine Rostlaube neben den dicken Autos parken. Aber wir holen schnell auf, können bald auf sechs Mitarbeiter zählen (und in besten Zeiten auf rund fünfzehn).

Das erste »Firmenfahrzeug« ist ein gebrauchter ›Ford M 12‹, der noch nicht einmal einen Tankdeckel hat. Zum Schluss soll der Wagenpark acht ›VW-Busse‹, drei Lieferwagen (›Renault Fourgette‹), zwei ›Ford Transit‹ und einen größeren Transporter vom Typ ›Mercedes 408 D‹ umfassen, alle ausgestattet mit Funk. Während der ganzen Zeit ist – allein aus wirtschaftlichen Gründen – an ein privates Fahrzeug nicht zu denken: Wird zunächst der Kredit bedient – der schon nach wenigen Jahren abbezahlt ist, wobei wir Sonntag für Sonntag zum Rapport bei meinem Bürgen zu erscheinen und die Buchhaltung offenzulegen haben –, fließen alle übrigen Einnahmen wieder in die Firma. Expansion ist angesagt, und dafür arbeiten wir mehr als hart. Wenn Traudchen und ich sechzehn, achtzehn Stunden am Tag auf den Beinen sind, ist das nicht die Ausnahme, sondern die Regel, wobei mehr als einmal unser Warenlager – ein Anbau, der sich an Traudchens Elternhaus anschließt – als Schlafstätte herhalten muss.

Wir gönnen uns praktisch nichts, aber weil wir so viel arbeiten, haben wir auch keine Zeit, Geld auszugeben. Zudem hängt ständig ein Damoklesschwert über unseren Köpfen: Nachdem eine Warenlieferung von der Industrie bei uns eingegangen ist, wird der Rechnungsbetrag innerhalb von vierundzwanzig Stunden eingezogen – und wenn dann unser Firmenkonto nicht gedeckt wäre, würden augenblicklich alle vorgesehenen Lieferungen gestoppt. Deshalb bleibt uns gar nichts anderes übrig, als uns privat stark einzuschränken. Es ist eine entbehrungsreiche

Zeit, in der wir manchmal nicht wissen, wie wir den nächsten Tag überleben sollen. Selbst wenn sich später die Tageseinnahmen auf hunderttausend Mark und mehr belaufen, wird sofort alles wieder dem Kreislauf von Warenkäufen, Tabak- und anderen Steuern, Investitionen, Treibstoff, Mieten und dergleichen übergeben. Mitunter haben wir nicht einmal mehr das Geld für Weihnachtsgeschenke. Große Firma, kleines Geld.

Doch es muss weitergehen. Wir beliefern Tabakläden und Kioske, zählen Bars, Gastwirtschaften und Restaurants zu unseren Kunden, zudem zahlreiche Kantinen großer Unternehmen wie ›Ford‹, ›Klöckner Humboldt Deutz‹ und ›Leybold Heraeus‹, einen weltweit führenden Anbieter von Lehrsystemen für Schule und Beruf. Wir fühlen uns aber auch nicht zu fein dafür, zahlreiche Bordelle und einige Justizvollzugsanstalten aufzusuchen – darunter die 1969 fertiggestellte Strafanstalt in Köln-Ossendorf, im Volksmund nur als »Klingelpütz« bekannt –, um überall dort unsere Cigarettenautomaten zu bestücken. Obwohl es seinerzeit Mode ist, ja, es sich geradezu zum Volkssport entwickelt, Automaten zu knacken – in einer Nacht sind es einmal deren sieben! –, mitunter auch aus den Wandverankerungen zu reißen, sind Automaten für uns die Haupteinnahmequelle, und so investieren wir intensiv in diesen Bereich. Sind es zu Beginn etwa hundertzwanzig, bestücken wir zum Schluss rund zweieinhalbtausend im Großraum Köln/Bonn, zu dem wir auch das Bergische Land und Siegburg zählen.

Aber es ist auch Zeit für private Anlässe, wenn auch mitunter für traurige. 1968 wird standesamtlich geheiratet, ein Jahr darauf kirchlich, und wiederum ein Jahr später – da ist Traudchen im siebten Monat schwanger – stirbt meine Schwiegermutter, die ich ob ihrer großen Herzenswärme über alles verehrt habe, mit gerade einmal neunundvierzig Jahren. Schlimm, aber un-

umgänglich: Selbst bei privaten Feierlichkeiten bleibt das berufliche Engagement nicht außen vor. So fahren wir beispielsweise zur Heirat im Standesamt von Köln-Ehrenfeld mit dem firmeneigenen ›VW-Bus‹ vor, um danach sofort wieder in die Arbeitswelt eintauchen zu können; und als wir ein Jahr später nach der kirchlichen Trauung abends beim Essen zusammensitzen, stehle ich mich zwischendurch für zwei Sunden davon, um Automaten zu bestücken.

Dann gibt es noch die eher privaten Fehden zwischen einigen Mitbewerbern und mir. Als ich einmal die Frechheit besitze und einen Cigarettenautomaten – selbstverständlich nach vorheriger Genehmigung – an der Giebelwand eines Hauses anbringe, ist der Automat jeden Tag aufs Neue reparaturbedürftig: Morgen für Morgen treffe ich auf einen zugeklebten Münzschlitz. Mein Fehler: Diese Giebelwand grenzt unmittelbar an das Betriebsgelände eines konkurrierenden Tabakwarengroßhändlers. Dafür sind – merkwürdigerweise – ständig die Vorhängeschlösser an allen Türen und Toren auf dem besagten Gelände durch die großzügige Verwendung von Alleskleber unbrauchbar. Allen Etablierten, die mir komisch kommen, biete ich in diesen jungen Jahren frech Paroli.

*

Nach gut zehn Jahren war es dann genug. Im Rückblick, aber auch im damaligen Erleben waren es Jahre im Zeitraffer. Wenn wir ewig so weitergemacht hätten, hätte uns es genauso ergehen können wie Peter dem Großen, hätte dieses Leben auf der Überholspur zu einem jähen Ende führen können.

Seit Ende der sechziger, Anfang der siebziger Jahre sind in unserer Branche zwei Brüder vom Niederrhein dabei, enorm zu expandieren. Heinz und Manfred Grünewald aus Mönchengladbach kaufen einen Tabakwarengroßhandel nach dem anderen auf – um wenige Jahre darauf mit ihrem Unternehmen ›Tobaccoland‹ zu einem der ganz Großen in der Branche aufzusteigen. Es muss nicht lange überlegt werden: Gegen Ende des Jahres 1973 verkaufe ich meinen Großhandel für verdammt gutes Geld an die beiden.

Zwar habe ich von dem Erbe meines Vaters nicht eine müde Mark gesehen, aber ich habe von ihm etwas viel Wichtigeres geerbt, etwas, das man mit keinem Geld der Welt bezahlen kann. Irgendwann sagte er einmal zu mir: »Wenn du eine Sache angehst, dann musst du an dich und an diese Sache glauben, musst du mit Herz und Seele und vollem Einsatz an die Umsetzung gehen – und dann musst du immer bestrebt sein, besser zu sein als die anderen. Mein Junge, wenn du diese Einstellung hast, gepaart mit Gottvertrauen, dann kommt der dafür notwendige Optimismus von alleine, dann wirst du schließlich auch das schaffen, was du dir vorgenommen hast.«

Als ich – hier greife ich etwas vor – im Jahre 2001 das Geschäft ›Pfeifen Heinrichs‹ in der Martinstraße nahe dem ›Gürzenich‹ für eine hohe Summe gekauft habe, habe ich praktisch meinen eigenen Namen zurückgekauft. Und als ich wenige Jahre später mehrmals meinen Cousin Ernst am Krankenbett besucht habe – er hat Krebs im Endstadium gehabt –, bin ich nicht umhin gekommen, einen Blick auf die vergangenen Jahre zu werfen: »Ernst, wie bescheuert waren wir eigentlich? Wir haben uns das Leben schwergemacht, haben uns vor Gericht getroffen, sind uns ansonsten aus dem Weg gegangen – und warum? Damit du jetzt auf deinen Tod wartest und hoffst, dass der Herrgott dich aufnimmt. Geld ist nicht alles, und mitnehmen kannst du nichts. Wir vergessen leider zu häufig, dass wir zuallererst dazu da sind, um zu leben ...«

Schon gegen Mitte der achtziger Jahre haben Traudchen und ich mit meiner Mutter Frieden geschlossen. Und Cousin Leo? Der hat über seinem Stand geheiratet, schreitet als Leo Friedrich von Wittgenstein durchs Leben – und ist ungeheuer wichtig …

KAPITEL 4

Neu am Neumarkt

»Das Wort ›Familienbande‹ hat einen Beigeschmack von Wahrheit.«

KARL KRAUS, österreichischer Schriftsteller, Publizist, Satiriker, Sprach- und Kulturkritiker

Durch den Verkauf des Großhandels sind wir mit einem Schlag wohlhabend. Die Welt steht uns offen. Eine Frage drängt sich jetzt auf: Was sollen wir Sinnvolles anfangen? Da während der gesamten Großhandelszeit nie daran zu denken gewesen ist, einmal in Urlaub zu fahren, holen wir das zunächst einmal ausgiebig nach, und da Traudchen die Sonne über alles liebt, beschließen wir einige Zeit nach unserer Rückkehr aus dem Urlaub, in Köln unsere Zelte abzubrechen und sie im südlichen Spanien wieder aufzubauen.

Gesagt, getan. Ich kaufe einen neun Meter langen Wohnwagen, lege mir zudem als »Zugmaschine« einen ›Ford Granada‹ mit einer Drei-Liter-Maschine zu – und ab geht es in Richtung südlicher Sonne, nach Marbella. Drei Tage später setzt sich Traudchen mit unseren beiden kleinen Töchtern Tanja und Petra – sie sind 1970 und 1971 geboren – in den Flieger und folgt mir nach.

Wir leben komfortabel im Wohnwagen und halten in Ruhe nach einem Haus Ausschau, das wir kaufen können, denn schließlich haben wir die Absicht, in Spanien zu bleiben und uns hier eine Existenz aufzubauen. Nach wenigen Wochen finden wir etwas Passendes in Estepona an der bei Touristen äußerst beliebten Costa del Sol, der Sonnenküste: Das unbebaute Grundstück (mit eigenem Brunnen) von beachtlichen achttausend Quadratmetern Größe ist nur durch die Hauptstraße vom Meer getrennt. Schnell werden wir uns mit dem Besitzer, einem Landwirt, über den Preis von rund hunderttausend Mark einig. Das Stück Land erscheint mir ideal für unsere Zwecke: Hier soll einmal nach meinen Vorstellungen – die Idee ist mir in Spanien gekommen – die größte (und selbstverständlich auch die beste) Diskothek des Landes entstehen. Ideal ist die Lage deshalb, weil Estepona in der Nähe von Marbella und mehr oder weniger in der Mitte zwischen Málaga und Gibraltar liegt (rund siebzig Kilometer beziehungsweise etwa fünfzig Kilometer). Nachdem die Formalitäten bezüglich des Kaufs erledigt und die behördlichen Genehmigungen erteilt sind, beginnen wir sofort damit, das Grundstück erschließen zu lassen.

Schwarze Schatten unter südlicher Sonne

Obwohl hier fast jeden Tag die Sonne scheint, wir lange schlafen können, uns das andalusische Essen zusagt, zudem die Erschließungsarbeiten auf dem Grundstück gut vorangehen, fühle ich mich nicht richtig wohl. In mir beginnt es zu kribbeln, ich werde zusehends unruhiger, und meine Aufgabe besteht vornehmlich darin, meine nahe Umgebung zu nerven. Warten und zum Nichtstun verurteilt zu sein ist einfach nicht mein Ding – ich kann nun mal nicht ohne Arbeit sein. Aber dieser für mich wenig förderliche Zustand des sorglosen Nichtstuns soll nicht lange andauern – er wird auf tragische Weise jäh beendet …

Auf der Küstenstraße werden wir in einen schweren Verkehrsunfall verwickelt, bei dem sich unser Wagen mehrmals überschlägt – der Dachraum birst, Teile davon bohren sich in Tanjas Lunge. Noch vom Unfallort startet eine Maschine mit dem schwer verletzten Mädchen sowie Traudchen und der kleinen Petra Richtung Köln (wo Tanja über mehrere Monate im Krankenhaus liegen wird), während ich die gerade erst aufgeschlagenen Zelte gleich wieder abbreche: Ich lasse den Unfallwagen auf dem Grundstück vergraben (und mit ihm unsere spanischen Träume), veräußere den Besitz, kaufe ein neues Fahrzeug, einen in England zugelassenen ›Range Rover‹ – und nur zwei Wochen nach dem fürchterlichen Geschehen begebe ich mich mit Auto und Wohnwagen auf den Weg in die alte Heimat. Dort kaufen wir in Büsdorf, einer kleinen Gemeinde im Landkreis Bergheim, einen Bungalow.

Das Thema Spanien ist erledigt – und ich bin unglücklich. Nicht darüber, dass wir unsere Pläne im Süden ad acta legen mussten, sondern darüber, dass ich jetzt wieder ohne Aufgabe bin und so langsam anfange zu versauern. Finanziell brauchen wir uns dank der Brüder Grünewald keine Sorgen zu machen, und wir können ohne jeden Zwang unsere freie Zeit nach Belieben gestalten. Also steige ich jeden Tag auf mein geliebtes Fahrrad, radele durch die Kölner Bucht, aber spätestens, als ich jeden Grashalm in der näheren Umgebung mit Vornamen anreden kann, frage ich mich nach dem Sinn meines Lebens. Am schlimmsten für einen Menschen ist es, nicht mehr benötigt zu werden. Jeder von uns braucht eine Aufgabe, denn ein Mensch ohne Aufgabe ist ein leerer Mensch. So geht es mir damals.

Schließlich ist es einer meiner Schwäger, der mich aus meiner Lethargie reißt: Dieter Beden, der mit meiner Schwester Brigitte die ›Feuerzeugzentrale am Dom‹ betreibt, ein gut gehendes Tabakwarengeschäft im Zentrum Kölns, ermuntert mich mehrmals, mich wieder selbstständig zu machen.

Direkt um die Ecke

Da schon seit geraumer Zeit meine Gedanken in eine ähnliche Richtung gehen, mir aber bisher der entscheidende Impuls gefehlt hat, auch wirklich tätig zu werden, kommt mir dieser Anstoß wie gerufen. Endlich bin ich wieder der Alte.

Mehrmals in den letzten Monaten ist es mir aufgefallen, dieses kleine Ladenlokal in der Hahnenstraße. Daraus ließe sich etwas machen, ist es mir dann jedes Mal durch den Kopf gegangen, aber irgendwie hat mir stets jene Triebfeder gefehlt, die notwendig ist, unfertige Bilder und vage Entwürfe konkret werden zu lassen.

Doch die Gespräche mit meinem Schwager haben den Stein ins Rollen gebracht, und so mache ich mich auf den Weg zum ›Erzbischöflichen Generalvikariat des Erzbistums Köln‹, dem Eigentümer des Gebäudes, in dem sich das besagte Ladenlokal befindet. Da ich ein Lieber-Gott-Fan bin, kann ich das himmlische Bodenpersonal schnell und ohne Probleme davon überzeugen, dass ich genau der richtige Mieter für dieses Geschäft bin. Mein Auftritt ist wohl so beeindruckend, dass schon kurz darauf der Pachtvertrag von beiden Seiten unterschrieben wird, obwohl – und das ist leider im Hinblick auf schnelle verkaufsfördernde Entscheidungen nicht immer von Vorteil – praktisch für jede Änderung am und im Ladenlokal vor deren Umsetzung die Genehmigung des Generalvikariats eingeholt werden muss. So beispielsweise das Anbringen von helleren Neonleuchten. In diesem Fall lautet unsere Erkenntnis: Der liebe Gott mag es offenbar nicht allzu grell.

Im Mai 1975 empfängt ›Pfeifen Heinrichs‹ seine ersten Kunden. Von Beginn an konzentriere ich mich auf Wesentliches, habe zunächst nur Pfeifen und Tabak – Cigarren kommen später hinzu – im Angebot sowie die dazugehörigen Accessoires wie Pfeifenbestecke, -filter und -reiniger, biete außerdem Reparaturen an. Zudem erhält jeder, der den Laden betritt, auf Wunsch eine Tasse Kaffee, auch deren zwei, und sogar ausgefallenere Wünsche wie Milch und Zucker werden erfüllt. Was es dagegen nicht gibt, sind Cigaretten, Süßigkeiten sowie Zeitungen und Zeitschriften – und Lottoscheine werden schon gar nicht angenommen. Das bringt nur Unruhe in den Laden, weil ein Zuviel an Laufkundschaft.

An diesem ersten Tag nehme ich rund zweihundert Mark ein. Weil die Konkurrenz in Köln zu jener Zeit sehr groß ist, bin ich mit dem Umsatz zufrieden und sehe der Zukunft von ›Pfeifen Heinrichs‹ optimistisch entgegen, zumal ich auch den Standort ideal finde: Vom Neumarkt, der zu den attraktivsten Einkaufszentren in der Kölner Innenstadt zählt, sind es nur wenige Schritte um die Ecke, aber weil das Ladenlokal nun mal nicht am Neumarkt, sondern auf der Hahnenstraße zu finden ist, ist der Preis für die Pacht relativ günstig. Wie zuvor schon angedeutet, bin ich nach diesem ersten Tag mehr als zuversichtlich: Um den Weiterbestand von ›Pfeifen Heinrichs‹ brauche ich mir keine Sorgen machen.

Störfeuer

Denkste. Ganze vier Wochen besteht mein ›Pfeifen Heinrichs‹. Es flattert nämlich alsbald eine einstweilige Verfügung ins Haus, mit der mir untersagt wird, diesen Namen zu führen, weil es schon auf der Martinstraße ein ›Pfeifen Heinrichs‹ gibt. Absender sind meine beiden Cousins, jene lieben Verwandten, die mich vor über einem Jahrzehnt ausgebootet haben. Wenn es denn sein muss! Ich erspare mir großartige rechtliche Auseinandersetzungen und gebe dem Laden den Namen ›Pfeifenhaus Heinrichs‹. Aber auch der bleibt nicht lange bestehen. Nach einem »Liebesbrief« in Form einer weiteren einstweiligen Verfügung heißt das Geschäft jetzt ›Pfeifen Peter Heinrichs‹. Endlich habe ich Ruhe. Wieder ein Fall von Denkste, denn die in der Martinstraße haben anscheinend jede Menge Zeit, um mir das Leben schwerzumachen.

Das alles trägt sich innerhalb nur eines Jahres zu. Nach der letzten einstweiligen Verfügung, in der mir unter Androhung einer hohen Geldstrafe ein für allemal untersagt wird, den Namen »Heinrichs« in Verbindung mit dem Wort »Pfeifen« als Geschäftsfirmierung zu benutzen, wird es mir schließlich zu bunt: Ab sofort heißt mein Geschäft schlicht und einfach ›Peter Heinrichs‹. Dagegen kann nun wirklich nichts unternommen werden …

Aber gegen etwas anderes. Als mir 1978 eine gerichtliche Verfügung zugestellt wird, mit der mir verboten wird, das ›Peter Heinrichs‹-Logo – ein großes »H« mit einem beleibten Mann, der eine Pfeife schmaucht – zu verwenden, nehme ich mir rechtlichen Beistand und ziehe vor Gericht, und recht bald ist auf dem Schwarzen Brett des Amtsgerichts Köln-Mitte zu lesen, dass in wenigen Wochen eine Verhandlung ansteht, in der sich zwei

Parteien einer Familie gegenüberstehen: Heinrichs (›Peter‹) und Heinrichs (›Pfeifen‹).

Es geht also um das Markenzeichen, das einstmals Peter der Große – der Mann, der auf dem »H« sitzt – eingeführt hat. Dieses Logo hat Ernst Heinrichs, seines Zeichens mein Cousin, ein Jahr zuvor schützen lassen. Ich kann jedoch nachweisen, dass ich dieses Logo seit der Gründung meines Großhandels verwende und somit an diesem Markenzeichen die älteren Rechte besitze, woraufhin Karl Müller, der Amtsrichter, ein salomonisches Urteil fällt: Ich darf das »H« mit Strichen füllen, seien sie nun – und jetzt eröffnet sich ein weites Feld gestalterischer Freiheit – senkrechter oder waagerechter oder auch diagonaler Natur, zudem außer Rot und Blau alle Farben verwenden, wodurch

mir, was für den werblichen Auftritt des Logos ebenfalls nur förderlich sein kann, die gesamte übrige Farbpalette zur Verfügung steht. Über dieses absurde Theater um Linien und Farben, das die Familie Heinrichs aufführt, wird nahezu in der gesamten Kölner Presse groß und breit als Kampf Davids (Peter) gegen Goliath (Ernst) berichtet. Mir kann das nur recht sein.

Zwei Jahre darauf bemüht Cousin Ernst erneut Justitia. Und erneut führt Amtsrichter Müller den Vorsitz. Als er uns sieht, verdreht er verzweifelt die Augen: Schon wieder die! Dieses Mal geht es um den Anzeigeneintrag in einem Telefonbuch, in dem auch das Logo von ›Peter Heinrichs‹ verwendet worden ist: Bei der mir vorgelegten Korrekturfahne ist es noch das richtige gewesen, danach aber das falsche abgedruckt worden, jenes ohne

Werbung in den späten siebziger Jahren findet auch und vor allem in Zeitungen statt

das mit Linien gefüllte »H«, das ›Pfeifen Heinrichs‹ verwendet. Die »Rache« von Richter Müller: Auf der Kölner Domplatte solle eine Volksbefragung durchgeführt werden, bei der zehntausend Leute Auskunft darüber geben sollen, ob denn nun ›Pfeifen Heinrichs‹ oder ›Peter Heinrichs‹ in der Stadt bekannter sei und ob hierbei das Logo eine Rolle spiele. Das hätte jede Partei dreißigtausend Mark gekostet, woraufhin Cousin Ernst seine Klage zurücknimmt.

Eine kluge Entscheidung, denn zu dieser Zeit ist ›Peter Heinrichs‹ schon bedeutend bekannter als ›Pfeifen Heinrichs‹. Der Zulauf, den mein Geschäft in der Hahnenstraße hat, ist seit seiner Gründung ständig und spürbar angewachsen, nicht zuletzt auch deshalb, weil ich eine aggressive Werbung betreibe. Wer in Köln von ›Pfeifen Heinrichs‹ spricht, der meint meist ›Peter Heinrichs‹.

*

Eigentlich konnte ich meinen Cousins von der Martinstraße regelrecht dankbar sein, dass sie mich mit ihren einstweiligen Verfügungen bombardiert und mich mehrmals vor Gericht gezerrt haben. Ich bin ja jemand, der immer offen auf die Menschen zugeht, und so konnte ich bei der lokalen Presse enorm punkten.

KAPITEL 5

Weite Welt

»Der Vogel, der nicht fliegt, weiß nicht, wo reife Früchte sind.«
SPRICHWORT aus Burundi

Ein langjähriger Kunde, der seit Jahren als Physiker an der Stanford-Universität im kalifornischen Palo Alto lehrte, kam 1984 während eines Heimaturlaubs in meinen Laden und riet mir, doch einmal in die Staaten zu reisen und dort Pfeifen anzubieten. Er war überzeugt, dass ich bestimmt gute Verkaufserlöse erzielen würde, weil Pfeifen dort im Schnitt dreißig Prozent teurer wären als hierzulande.

In der Stadt der Cable Cars

Noch im selben Jahr sitze ich im Flugzeug. Ich, der ich mit Lesen nichts am Hut habe, bin intensiv in ein Buch vertieft. *Englisch für Anfänger* heißt es, und so absolviere ich über dem Atlantik, in zehntausend Metern Höhe, einen Crashkurs in englischer Sprache – wenn ich schon nicht richtig Hochdeutsch kann, so will ich wenigstens mit einigen fehlerlos gesprochenen Brocken Englisch aufwarten können.

Mein Ziel ist eine von einem Pfeifenclub veranstaltete Pipeshow in Burlingham, einem Stadtteil von San Francisco, der in der Nähe des Flughafens liegt. Vorbereitet bin ich ganz gut. So habe ich mich hauptsächlich bei der ›Industrie- und Handelskammer zu Köln‹ darüber schlaugemacht, was bei einer solchen Reise alles zu beachten ist.

Neben dem Lehrbuch habe ich unter anderem zwei Koffer dabei, vollgepackt mit Pfeifen – achthundert Stück sind es insgesamt. In San Francisco angekommen, wartet auf dem Flughafengelände der Zoll. Auf die Frage des zuständigen Beamten, was ich mit so vielen Pfeifen mache, fällt mir nur die Antwort ein: »Ich bin ein großer Pfeifenraucher.« Zu meinem Erstaunen ist damit die Angelegenheit erledigt.

Nachdem ich in Palo Alto in einem kleinen Hotel eingecheckt habe, treffe ich mich abends mit mehreren Pfeifenrauchern des Clubs aus San Francisco, der für die Pipeshow verantwortlich zeichnet. Unter ihnen ist auch ein gewisser Marty Pulver.

Am nächsten Tag, einem Freitag, ist Arbeit angesagt: Diejenigen, die ausstellen, haben sich um einen möglichst perfekten Aufbau ihrer Stände zu kümmern, damit ihre Produkte samstags und sonntags auch entsprechend ins Auge fallen. An diesem Wochenende kommen einige Aussteller auf mich zu und meinen, ich hätte mit meinem holprigen Englisch hier wohl nichts zu suchen und wäre am besten in »Germany« geblieben. Anscheinend reichen jedoch die paar im Flieger gelernten englischen Brocken für meine Belange vollkommen aus, denn den Käufern gefällt es: An diesem Wochenende bringe ich Pfeifen für zehntausend Dollar an den Mann, kann am Tag darauf die eingenommenen Schecks einlösen und das Geld auf mein Kölner Konto überweisen lassen, um dann am Dienstag zurück nach Hause zu fliegen.

In Sherlock-Heaven geht der Postler ab

An jenem Wochenende kommt auch der schon erwähnte Marty Pulver auf mich zu, schwärmt von mir als einem Verkaufsgenie und meint, ich solle doch einen Laden in San Francisco eröffnen. »Wie stellst du dir das denn vor? Soll ich mich etwa teilen? Mich gibt es Gott sei Dank nur einmal – und selbst das ist für einige schon zu viel Peter Heinrichs. Oder soll ich vielleicht zwischen Köln und San Francisco hin und her pendeln: montags bis mittwochs in Köln, dann für drei Tage in Kalifornien, sonntags zurück nach Deutschland und am Montagmorgen in der Frühe meine Kunden in der Hahnenstraße begrüßen? Das kann ich so gut gebrauchen wie ein Loch im Kopf. Schlag dir das aus dem Sinn.« Macht er aber nicht, und so kündigt Marty Pulver nach kurzem, aber eingehendem Beraten mit mir seinen Job bei der Post, um bald darauf als Franchise-Nehmer den Laden ›Heinrichs & Pulver‹ in San Francisco zu leiten. Er führt ihn erfolgreich, wobei er von mir jede Unterstützung erhält, um die er nachfragt und die ich für sinnvoll halte. Sechs lange Jahre betreibt er im Stadtteil Sherlock-Heaven diesen Laden, ehe er an der California Road ein neues Geschäft eröffnet, weil er sich endlich seinen Wunsch nach etwas Eigenem erfüllen will.

Heute lebt Marty Pulver im wohlverdienten Ruhestand, nachdem er Ende der neunziger Jahre wegen der rigorosen US-Gesetze in Sachen Nichtraucherschutz den Laden aufgegeben hatte, um danach für einige Zeit auf den in den Staaten sehr bedeutenden Zug mit dem Namen »Internetverkauf« aufzuspringen und seine Produkte auf elektronischem Wege anzubieten und zu vertreiben.

Nur ein Jahr nach der ersten Ausstellung, also 1985, biete ich erneut in San Francisco bei einer Pipeshow Pfeifen an. Dieses Mal ist der Schauplatz das Hotel ›Grant Plaza‹ – ideal gelegen für Besucher, die unbedingt einmal Chinatown sehen möchten, ist doch das Viertel der Chinesen vom Hotel aus in nur wenigen Minuten zu erreichen. Ein Besuch lohnt sich jedenfalls in diesem Gewirr von Restaurants und Garküchen, Verkaufsständen und Geschäften.

Jetzt bin ich schon etwas bekannter in der Stadt der Hippies und (Lebens-)Künstler, der Schwulen und Lesben – und mit einem Mal kommt während der Pipeshow ein Mensch schnurstracks auf mich zu, so, als wolle er etwas von mir. Ich liege mit meiner Annahme völlig richtig, denn Perry Levin, so sein Name, sagt zunächst, er sei fasziniert von mir – warum, weiß ich nicht, aber wenn er das meint, wird es wohl so sein – und wolle zusammen mit mir in den Staaten einen Pfeifenversand gründen. Irgendwie scheint Perry Levin an mir einen Narren gefressen zu haben, denn ich werde ihn gar nicht mehr los. Dass er sich in Bezug auf meine Person so enthusiastisch gebärdet, ist, so vermute ich, wohl die »Schuld« von Marty Pulver, aber wie dem auch sei: Alsbald gibt es – kurze Rede, langer Sinn – die Firma ›Heinrichs & Levin. Versand von Pfeifen, Tabak und Zubehör‹ mit Sitz in Craftsbury im US-Staat Vermont.

Mehr und mehr finde ich Gefallen an den Staaten, und so fliege ich bis Anfang der Neunziger jedes Jahr über den Großen Teich zu einer Pipeshow, von denen der überwiegende Teil in San Francisco stattfindet. Dabei habe ich keine Pfeifen mehr im Gepäck, denn dank des Versandhandels ›Heinrichs & Levin‹ warten die Rauchutensilien schon vor Ort auf mich.

Mister Yang klopft an

Jahr für Jahr werde ich im Sonnenstaat Kalifornien als Exot herumgereicht. Und so lerne ich zwangsläufig an einem Tag des Jahres 1985 Mister Yang kennen. Wie der Name schon signalisiert, ist Mister Yang Chinese. Nationalchinese, wie er betont. Kurz nach unserer ersten Begegnung macht er mich mit seinem Bruder Joseph bekannt, dessen Unternehmen ›Shing-Wang Trading‹ drei Geschäfte auf Taiwan unterhält, unter anderem eines in der Hauptstadt Taipeh.

Begegnungen dieser Art sind recht häufig während solcher Pipeshows. Man wechselt ein paar Worte miteinander und wendet sich danach dem nächsten Gesprächspartner zu. Umso überraschter bin ich, als sich wenige Tage nach meiner Rückkehr Joseph bei mir in Deutschland meldet. Sein Begehr: Pfeifen. Also beliefere ich ihn in den Jahren danach alle zwei Monate mit hundert Pfeifen, auch mit Tabak, wohl, wegen der hohen Zölle, über Hongkong, außerdem (auf Provision) mit Lederwaren der Firma ›Otto & Kopp‹ in Offenbach, während die beiden dänischen Pfeifenhersteller ›Stanwell‹ und ›S. Bang‹, zu denen ich für Joseph den Kontakt knüpfe, direkt nach Taiwan liefern.

Gut ein Jahrzehnt später, 1996, werden dann die Rotchinesen auf mich aufmerksam: Regierungsvertreter des Milliardenvolkes wünschen von mir für ihr Ministerium die Erstellung einer Wirtschaftlichkeitsberechnung für jeweils einen Laden in Peking und Schanghai. Ich stimme dem zu, allerdings unter einer Bedingung: Die beiden Läden sollen unter dem Namen ›Peter Heinrichs‹ auf Franchise-Basis betrieben werden – getreu der Philosophie meiner jüdischen Großmutter: Setze deinen Hintern nie auf mehrere Pferde, denn du kannst nur eines von ihnen reiten.

Letztendlich wird es aber nichts mit ›Peter Heinrichs‹ in Peking und Schanghai, denn ich bin nicht bereit, auf das etwas ungewöhnliche Angebot der chinesischen Genossen einzugehen. Ihnen schwebt ein Kompensationsgeschäft vor: Pfeifen und Tabak gegen Getreide, Mais und Reis sowie andere Agrargüter, die in China produziert werden. Was will ich mit solchen Nahrungsmitteln hier in Deutschland? Etwa verkaufen? Außerdem bin ich nicht gerade ein Freund von Mais und Reis ...

*

Als ich das erste Mal den Großen Teich überquerte, wusste ich zunächst einmal nur eines: Aufgrund meines marginalen englischen Sprachschatzes werde ich Schwierigkeiten mit der Verstän-

Der Katalog von ›Peter Heinrichs‹ erscheint zweisprachig, in Deutsch und Englisch. Das eröffnet unserer Firma weitere interessante Geschäftsfelder, vor allem in Ostasien

digung haben. Aber ich wusste noch etwas anderes ganz genau: Ich werde neugierig sein, neugierig auf das, was auf mich zukommen wird.

Offen zu sein für neue, für andere Dinge, in ihnen Entwicklungen zu erkennen, um daraus Chancen abzuleiten, sie dann mit Inhalten zu füllen, die schließlich Handlungen nach sich ziehen – das ist in der Leidenschaft für Neues angelegt. Zudem bieten solche Reisen immer die Möglichkeit, interessanten Menschen zu begegnen, solchen, die einen selbst ein Stück voranbringen. So lernte ich damals beispielsweise Richard (»Rick«) C. Hacker kennen, einen der angesehensten US-Journalisten in Sachen Pfeifen und Cigarren, sowie Rick Newcombe, der als passionierter Pfeifensammler in den Staaten eine Legende ist. Aus Begegnungen mit solchen Menschen zieht man zwar keinen

Nutzen, der sich in Mark und Pfennig festmachen lässt, aber das wäre zu kurz gedacht: Sowohl aus den Gesprächen mit Rick Hacker als auch aus denen mit Rick Newcombe habe ich Erkenntnisse gewonnen, die mir neue Horizonte eröffnet haben.

Direkt in Mark und Pfennig zahlte sich dagegen (und zahlt sich immer noch) die Bekanntschaft mit Perry Levin und den Brüdern Yang aus. Zwar endete die Existenz von ›Heinrichs & Levin‹ mit dem bedauerlichen Tod des mittlerweile zum Freund gewordenen enthusiastischen Ostküstlers im Jahre 1989, doch weil zu diesem Zeitpunkt unsere Logistik auf festen Füßen stand, konnte ich – und kann ich noch heute – den Versand von Deutschland aus betreiben.

Was sich seinerzeit in Mark und Pfennig beziffern ließ, kann ich heute in Euro und Cent festmachen. Das bezieht sich auch auf das Unternehmen ›Shing-Wang Trading‹, das ich weiterhin mit Pfeifen beliefere. Insgesamt genieße ich in Asien seit Jahren einen hervorragenden Ruf, gelte zudem nach wie vor als zuverlässiger Partner – und nicht nur einmal kommt morgens um sieben Uhr ein Chinese oder ein Japaner in den Laden auf der Hahnenstraße und kauft bei mir eine Pfeife von mehreren tausend Euro. Der asiatische Markt – und hier vor allem der indische, noch mehr jedoch der chinesische – wird in Zukunft für uns noch wichtiger werden, und so lasse ich zurzeit, im Sommer 2010, die Website von ›Peter Heinrichs‹ ins Chinesische übersetzen, damit meine Freunde und Kunden in Fernost ohne Probleme Pfeifen und andere Produkte aus Köln beziehen können.

Übrigens beliefere ich Joseph nach wie vor ohne jedes Akkreditiv, also ohne jenes übliche Instrument der Zahlungssicherung, das bei Auslandsgeschäften gang und gäbe ist – so stark vertrauen wir einander von Beginn unserer Zusammenarbeit an. Nicht immer, aber manchmal reicht ein Blick in das Gesicht des

Gegenübers, begleitet von einem kräftigen Händedruck, um sich sicher zu sein, es mit einem Ehrenmann zu tun zu haben.

Wäre ich damals nicht nach San Francisco geflogen, hätten sich die genannten Geschäftsbeziehungen sowie weitere Engagements niemals ergeben und entwickelt. Was konnte ich damals schon verlieren? Selbst wenn es zum Schluss geheißen hätte: »Ohne Spesen nichts gewesen«, hätte ich zumindest Erfahrungen gemacht, die mich auf irgendeine Weise weitergebracht hätten. Nicht ohne Bedacht habe ich deshalb an den Anfang dieses Kapitels das Sprichwort aus Burundi gesetzt. Damit Sie nicht zurückblättern müssen, wiederhole ich es an dieser Stelle gerne: »Der Vogel, der nicht fliegt, weiß nicht, wo reife Früchte sind.«

KAPITEL 6

Das große Abenteuer

»Wer begonnen hat, der hat schon halb vollendet.«

QUINTUS HORATIUS FLACCUS,
besser bekannt als Horaz, römischer Dichter

Unser Ladenlokal an der Hahnenstraße wird Tag für Tag von den unterschiedlichsten Menschen aufgesucht – von Zeitgenossen, wie sie verschiedener nicht sein können: zurückhaltend der eine, laut der andere, skurril der nächste, aber nahezu alle auf ihre ganz bestimmte Weise liebenswert.

Da sind etwa diejenigen, die recht wortkarg sind, andere dagegen halten gerne einen kleinen Plausch, wieder andere möchten einmal einen anderen Tabak, auch ein neues Cigarrenformat ausprobieren. Dann treten Kunden ein, die sich zuvor, etwa im Internet, über Produkte informiert haben und genau wissen, was sie zu kaufen beabsichtigen, und schließlich gibt es noch solche, die immer die gleichen Artikel wünschen.

Der Mann von der Post

Zu denjenigen, die zu der letztgenannten Spezies gehören, zählt auch ein Postbeamter, Stammkunde seit ewigen Zeiten. Regelmäßig taucht er jede Woche auf und kauft einige Dosen Pfeifentabak, meist einen mit Vanille, und wenn er einen anderen nimmt, dann hat er auf jeden Fall fruchtig zu sein.

So geschieht es auch an einem Tag Anfang 1992. Da ich häufig recht preisgünstige Pfeifen im Angebot habe, etwa durch Aufkäufe von Überbeständen, auch aus der einen und anderen Konkursmasse, spreche ich ihn an und zeige ihm einige qualitativ hochwertige Pfeifen, die ich zu einem besonders günstigen Preis anbieten kann. Er schaut mich kurz an und meint dann: »Was will ich damit?« – »Na, das will ich dir kurz erläutern: Das ist ein hölzernes Gebilde mit einem Loch, und in dieses Loch stopfst du Tabak. Wenn du den anzündest, dann hast du einen tollen Geschmack im Mund. Pfeifenrauchen heißt so was.« – »Das weiß ich, Peter, aber trotzdem ...« – »Hör' mal«, falle ich ihm ins Wort, »so tolle Pfeifen kriegst du nirgendwo billiger.« – »Das glaube ich dir. Aber da ich kein Pfeifenraucher bin, brauche ich auch keine.« Ich muss ein ziemlich ungläubig-dämliches Gesicht gemacht haben; jedenfalls bin ich bass erstaunt. Schließlich kann ich nur noch fragen: »Und wofür kaufst du immer den Tabak, mein Freund? Etwa zur Mottenbekämpfung?«

Nein, der Mann von der Post macht mit dem Tabak etwas ganz anderes. Er mahlt ihn auf der feinsten Stufe seiner Kaffeemühle und stopft ihn mit Hilfe eines Maschinchens in Cigarettenhülsen, die er dann, quasi als »Hausmarke«, an seine Kollegen im Hauptpostamt verkauft. So verdient er sich ein kleines Zubrot.

Eine Idee wird geboren ...

Das ist es! Cigaretten mit Pfeifentabak in größerem Stil. Ich setze mich mit einigen Entscheidungsträgern in der Cigarettenindustrie in Verbindung. Aber jeder winkt ab: zu teuer, zu aufwendig, zu wenig Umsatz. Trotz der vereinten negativen Resonanz bin ich von meiner Idee überzeugt.

Nur kurz darauf rufe ich Michael (»Maikel«) Kohlhase an, dem ich 1976 zum ersten Mal begegnet bin – da ist er noch Mitinhaber der in Hamburg ansässigen Firma ›Kohlhase & Bühler‹ – und der mir schnell ein enger Freund geworden ist. Maikel ist ein Hansdampf in allen Gassen und kennt sich wie kein Zweiter in der Branche aus. Mit seinem neuen Partner Bernd Kopp – ›Kohlhase & Kopp‹ in Rellingen vor den Toren der Hansestadt – forciert er ab Mitte der achtziger Jahre den Handel mit hochwertigen, von Hand gemachten Cigarren, ohne sein Stammgeschäft – den Pfeifentabak – zu vernachlässigen. Vor allen anderen ist er es, der

Freund und Kumpel: Maikel Kohlhase, hier mit seinem Sohn Adam

schon frühzeitig den zu Anfang der achtziger Jahre ganz allmählich beginnenden Cigarrenboom in den Staaten erkennt, sozusagen die ersten Boten vor den Anfängen ausmacht, seinem Gespür folgt und augenblicklich handelt, indem er Premium-Cigarren vornehmlich aus der Dominikanischen Republik, aus Honduras und Nicaragua importiert. Als schließlich auch andere den Boom registrieren, der von Amerika nach Europa schwappt, ist Maikel schon bestens aufgestellt.

In all seinem Tun wird er tatkräftig unterstützt von Bernd Kopp, Unternehmer alter Schule aus Offenbach am Main. Der Hesse lässt ihn nicht nur gewähren, sondern bestärkt ihn vielmehr, seine Aktivitäten so zu händeln, wie er es für richtig hält.

Bernd Kopp ist mir seinerzeit ebenfalls schnell ans Herz gewachsen, und auch heute noch ist er mir ein guter Freund, ist zudem jemand, auf dessen Rat ich großen Wert lege.

Seit wir uns kennen, pflegen Maikel und ich enge geschäftliche Beziehungen, und stets sind sie von einem fairen Miteinander, nie von einem missgünstigen Gegeneinander geprägt, ja, wir befruchten uns gegenseitig, wo es nur geht. Maikel ist einer, dem ich – wie er mir auch – alles erzählen, alles anvertrauen kann, wobei ich besonders seine direkte Art mag, die kein Falsch kennt, sondern nur ein Geradeheraus. Leider ist Michael Kohlhase – da ist er gerade einmal sechzig Jahre alt – Ende Januar 2000 gestorben. Noch heute vermisse ich manchmal seine herzerfrischende Art.

Ich rufe ihn also an und frage ihn, was er denn von einer Cigarette hielte, für deren Herstellung ausschließlich Pfeifentabak verwendet wird. »Peter, das ist eine tolle Idee«, meint er begeistert. Sofort ist Maikel in seinem Element: Er pflege sehr gute Kontakte zu einem Möbelhersteller in Belgien, und der wiederum habe einen Cousin, der Tabak und Cigaretten für den heimischen Markt herstelle. »Weißt du was, Peter?«, kommt er wie immer schnell zum Punkt: »Ich nehme morgen den Flieger nach Brüssel, und dann sehen wir weiter.«

... und nimmt Gestalt an

Am nächsten Tag hole ich Maikel vom Flughafen Brüssel ab, und wir fahren nach Ostflandern, wo sich, etwa sechzig Kilometer östlich von Brüssel, die Firma ›Flandria‹ befindet. Dort erzähle ich von meinen Vorstellungen, und anders als die Entscheidungsträger in der deutschen Cigarettenindustrie ist man in

Belgien von der Idee, Cigaretten mit Pfeifentabak herzustellen, mehr als angetan.

Es beginnt die Zeit des Experimentierens. Wir entscheiden uns für bestimmte saubere dänische Tabake mit natürlicher Lakritze und geringem Nikotingehalt, die nicht zu feucht sind, somit nicht kleben und schließlich so aufbereitet werden, dass sie langsam abbrennen. Auch müssen passende Filter gefunden, muss darüber hinaus das Cigarettenpapier hinsichtlich seiner Dicke und seiner Konsistenz sorgfältig ausgewählt werden. Am Ende legen wir uns auf eines aus der Schweiz fest, wo auch das Papier bedruckt wird.

Das Ganze zieht sich über mehrere schier endlos erscheinende Monate hin: Ehe die Genehmigung zur Herstellung durch die Lebensmittelüberwachung erteilt wird, sind vor allem etliche Gutachten zu erstellten, und zwar vornehmlich solche, in denen alle Inhaltsstoffe angegeben sind.

Nahezu jeder in der Branche, der von diesem Vorhaben hört, ist überzeugt: Jetzt ist der Peter Heinrichs übergeschnappt! Und in der Tat: Diese Monate der Suche nach der richtigen Tabakmischung, der Gutachten, des Hoffens auf die behördlichen Genehmigungen sind ein einziger psychischer Kraftakt. Ich stehe morgens um kurz nach vier auf – nicht etwa, weil ich unruhig schlafe, sondern weil ich neben dem Tagesgeschäft mit dem Vorhaben, eine eigene Cigarettenmarke auf den Markt zu bringen, eine gewaltige Aufgabe habe. Gewaltig ist auch das finanzielle Engagement: Bis die erste Cigarettenpackung endlich auf dem Markt ist, ist die Firma ›Peter Heinrichs‹ um eine Million Mark ärmer.

Mittlerweile rechtfertigt der Erfolg den immens hohen damaligen Aufwand: Zu der ersten Marke, der ›Peter Heinrichs Fine Pipetobacco‹ (mit Vanillegeschmack), haben sich bis heute die

In eine Marktlücke gestoßen: Die Cigaretten der Marke ›Peter Heinrichs‹ werden allesamt mit Pfeifentabaken ohne jeglichen Zusatz hergestellt

Sorten ›Peter Heinrichs Cappuccino‹, ›Peter Heinrichs Cocos-Menthol‹, ›Peter Heinrichs Cherry‹, ›Peter Heinrichs Blond‹ (mit Vanillegeschmack, vormals ›Peter Heinrichs Lights‹), ›Crûe Pierre Henri Virginia Blend‹, ›Crûe Pierre Henri Virginia Blond‹ (vormals ›Crûe Pierre Henri Light Blend‹) sowie ›Peter Heinrichs Whisky‹ hinzugesellt und völlig neue Geschmackserlebnisse für Cigarettenfreunde eröffnet, ehe Anfang Mai 2010 mit der ›Peter Heinrichs Blueberry‹, einer Cigarette mit Blaubeer- und Johannisbeernoten, dieses Portefeuille eine weitere Ergänzung erfahren hat. Bei all diesen Cigaretten handelt es sich übrigens um Produkte, für deren Herstellung ausschließlich Pfeifentabake ohne jeglichen Zusatz verwendet werden. Bleibt noch ein weiterer wichtiger Umstand zu erwähnen: Für die Selbstdreher wird jede Tabakmischung auch in einer Dose angeboten.

Ein Ritt auf dem Rasiermesser

Zwar bescheren uns die Cigaretten jedes Jahr Millioneneinnahmen, sind somit unser größter Umsatzträger, aber nach wie vor ist ihre Herstellung ein finanzieller Drahtseilakt, verbunden mit einem hohen logistischen Aufwand, der von einem Familienbetrieb wie dem unseren einen enormen Einsatz fordert. Zunächst einmal müssen im ostwestfälischen Bünde, dem Sitz des Steueramts für Tabakwaren, die Steuerbanderolen für jene Menge der Packungen bestellt werden, die wir herzustellen beabsichtigen. Dabei muss jedes Mal eine Bankbürgschaft vorgelegt werden, welche die Begleichung der Rechnung garantiert (was eine Bank natürlich nicht umsonst macht). Nach Erhalt der Banderolen dauert es dann noch etwa vier Wochen, bis das Steueramt den Rechnungsbetrag vom angegebenen Konto abbucht. Notiz am Rande: Sollten wir zu wenig Banderolen bestellt haben, so haben wir erst nach sechs Wochen die Gelegenheit, neue zu bestellen – und wenn wir die Banderolen sofort benötigen, dann muss auch die Überweisung des Rechnungsbetrags sofort erfolgen, und wenn es noch schneller gehen soll, dann kann ich persönlich nach Bünde fahren, denn Vater Staat nimmt auch gerne Bares entgegen.

Wenn man bedenkt, dass der Fiskus bei Cigaretten vier Fünftel des Verkaufspreises für sich in Anspruch nimmt, dass Rohstoffe, Herstellung und anschließender Transport der Ware nach Bergheim-Niederaußem – unserem zweiten Geschäft ist gleichzeitig unser Warenlager angegliedert – zu bezahlen sind, dass von hier aus der Versand zu verschiedensten Abnehmern und Verkaufsstellen erfolgt ... wenn das alles berücksichtigt wird, dann kann sich jeder ausmalen, dass zwischen Brutto (Einnahmen) und Netto (Gewinn) eine riesengroße Lücke besteht.

*

Im Nachhinein war die Einführung der eigenen Cigarettenmarke in gewisser Weise schon eine verrückte Geschichte. Zu der finanziellen Belastung gesellte sich die psychische: Was ist, wenn dieses riskante Abenteuer in die Hose geht? »Wenn die Cigarette nicht läuft, dann hast du wenigstens eine exzellente Visitenkarte«, war der damalige Kommentar von Maikel Kohlhase. Meine Antwort: »Selbst wenn diese Visitenkarte aus Platin wäre, könnte ich mir dafür nichts kaufen.« Auch Traudchen, immer sehr vorsichtig, hatte seinerzeit zwar ihre Zweifel, doch vertraute sie mir wie stets in ihrem Innersten – obwohl sie manchmal darauf hofft, dass mir die Ideen irgendwann einmal ausgehen mögen.

Fest steht: Die Umsetzung dieser Idee hat sich mehr als nur bezahlt gemacht. Der Erfolg ist zwar auch festzumachen in Euro und Cent, jedoch bedeutend wichtiger ist der enorme Werbeauftritt – der größte im Tabakwareneinzelhandel – durch die Cigarettenmarke ›Peter Heinrichs‹, was wiederum dem Geschäft ›Peter Heinrichs‹ zugutekommt.

Da bei der Markteinführung der Cigarette im Jahre 1993 keine Mittel für groß angelegte Werbemaßnahmen vorhanden waren, setzte ich auf die alte kaufmännische Regel, die da heißt: Das Produkt durch den Kunden bekannt machen. Weil im Jahr neun Millionen Packungen ›Peter Heinrichs‹ in mittlerweile sechsundzwanzigtausend (!) Verkaufsstellen in Deutschland über den Ladentisch gehen, ist auch wenigstens neun Millionen Mal der Name des Urhebers zu lesen. Nicht nur das: Die Cigarettenmarke ›Peter Heinrichs‹ ist weltweit die einzige, deren Namensgeber noch lebt – und damit können weder ›Astor‹ noch ›Peter Stuyvesant‹, weder ›Davidoff‹ noch ›Dunhill‹ aufwarten. Schließlich ist die ›Peter Heinrichs‹ mit ihren unterschiedlichen Geschmacksrichtungen mittlerweile zur Gourmet-Cigarette avanciert, hat zudem einen Preis, der, sieht man einmal von den Handelsmarken der Discounter ab, immer etwas niedriger ist als der anderer Markencigaretten.

KAPITEL 7

Im Schatten der Kühltürme

»Nichts auf der Welt ist so mächtig wie eine Idee,
deren Zeit gekommen ist.«
VICTOR HUGO, französischer Schriftsteller

Gegen Ende der achtziger, Anfang der neunziger Jahre kam in mir immer stärker der Wunsch auf, für die Firma ein zweites Standbein zu schaffen. Das hielt ich auch deshalb für erforderlich, weil wir zu diesem Zeitpunkt damit angefangen hatten, vermehrt Waren an Endkunden zu versenden, einmal – über die Kölner Region hinaus – im deutschsprachigen Raum, dann natürlich auch in die Staaten und nach Fernost, wo das Familienunternehmen ›Peter Heinrichs‹, nicht zuletzt dank der auch ins Englische und Japanische aufgelegten Waren- und Angebotskataloge, einen hervorragenden Ruf genoss (und genießt). Eines war, auch ohne prophetische Gaben, mit Sicherheit vorauszusehen: In absehbarer Zeit würde sich die Entwicklung in diesem Bereich von der Hahnenstraße aus nicht mehr bewältigen lassen.

Auf der grünen Wiese

Irgendwann Anfang 1993 wird die Umsetzung meiner Vorstellung angestoßen. Während einer meiner Fahrradtouren durch die nähere Umgebung von Büsdorf entdecke ich in einem Gewerbegebiet, das gerade erst erschlossen wird, ein Eckgrundstück von etwa dreitausend Quadratmetern. Das Gebiet liegt in Bergheim-Niederaußem, vis-à-vis riesiger Kühltürme, von denen einer mit seinen rund zweihundert Metern der höchste der Welt ist. Diese Türme gehören zum ›Kraftwerk Niederaußem‹, einem vom Unternehmen ›RWE Power AG‹ mit Braunkohle betriebenen Grundlastkraftwerk, das zu den bedeutendsten Anlagen des Energieriesen gehört, leider aber auch zu den führenden in Europa, was den Ausstoß an Kohlenstoffdioxid, also die CO_2-Emission, betrifft.

Nicht gerade die gesündeste Umgebung, die ich da ins Auge fasse. Aber, so denke ich, hervorragend geeignet für unsere Zwecke. Andererseits: Was ist heute schon gesund? Das Gesundheitswidrige fängt bei den zahlreichen Abgasen an und hört bei den industriell gefertigten und mit Unmengen von Wachstumshormonen gezüchteten Nahrungs- und Lebensmitteln noch lange nicht auf.

Nach anfänglichen Bedenken kann ich Traudchen von den definitiv positiven Möglichkeiten überzeugen, welche dieser Standort hat: Das Gewerbegebiet ist nur rund zwanzig Kilometer von der Kölner Innenstadt entfernt, die Autobahn Venlo–Mönchengladbach–Köln–Koblenz–Ludwigshafen ist in wenigen Minuten zu erreichen, nach Grevenbroich, Neuss und Düsseldorf sind die Entfernungen überschaubar, und außerdem handelt es sich um ein recht kleines Areal am Rande des Sechstausend-Seelen-Ortes, in dem wir mit einem Einzelhandelsgeschäft, das zudem mehr als ausreichende Parkmöglichkeiten bietet, eine herausragende Stellung hätten. Überdies trägt zum Umsatz eines Ladens immer weniger die Laufkundschaft bei – und: Wenn du gut bist, dann kommen die Leute zu dir, egal, wo du deinen Standort hast, aber wenn du schlecht bist, dann nutzt dir auch die Schildergasse nichts, jene überaus stark frequentierte Einkaufsstraße im Herzen von Köln.

Ein weiterer überaus wichtiger Gesichtspunkt ist der Ausbau unseres Großhandels. Hierfür ist das in eine ausgezeichnete Infrastruktur eingebettete Grundstück ebenfalls ideal geeignet.

Das Einzelhandelsgeschäft wiederum soll für ein Einkaufserlebnis sorgen, vergleichbar einem besonderen kulinarischen Ereignis bei einem der in Deutschland mittlerweile zahlreich beheimateten Sterneköche, von denen viele ebenfalls weitab »vom Schuss« zu finden sind. Obendrein soll das Geschäft an sieben Tagen in der Woche geöffnet sein, also auch am Sonntag. Das ist enorm wichtig im Hinblick auf jene Klientel, die unter der Woche beruflich stark eingespannt ist und meist nur am Wochenende die Zeit findet, sich privaten Dingen zu widmen: Rechtsanwälte und Steuerberater, Ärzte und Apotheker, Freiberufler und Selbstständige.

Ohne Frikadellenprüfung läuft nichts

Irgendwann treffe ich mich mit Bürgermeister Schmitz, Landrat Lennartz und Ordnungsamtleiter Drechsler, den damaligen Ansprechpartnern und Verantwortlichen von Stadt und Kreis, am noch unbebauten Grundstück. Ich komme sofort zur Sache und erkundige mich nach der Möglichkeit eines Sonntagsverkaufs. »Unmöglich!«, heißt es direkt von allen Seiten. – »Dann, meine Herren, wird es auch unmöglich sein, hier etwas zu bauen, von

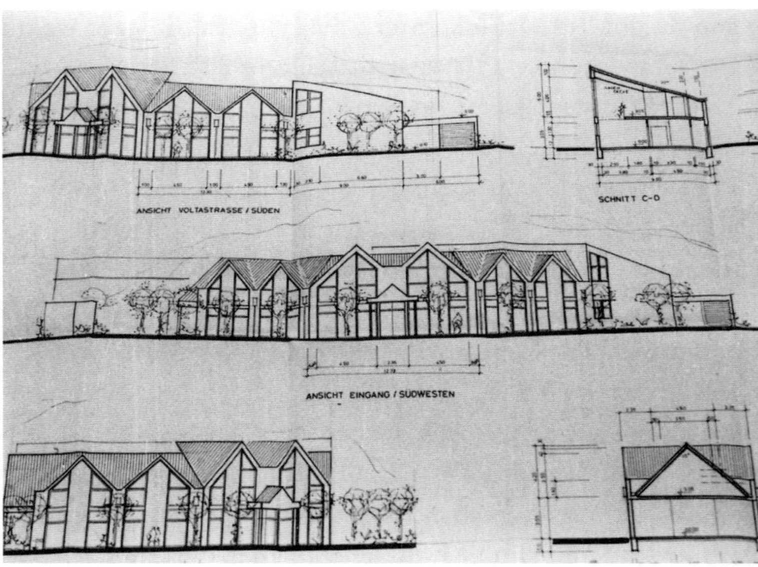

dem letztendlich auch die Stadt Bergheim profitieren würde«, zeige ich direkt meine Entschlossenheit, weise damit zugleich indirekt auf die zu erwartenden Steuereinnahmen hin, die bei ausbleibender Einigung dann ja hinfällig würden.

Großes Rätselraten und intensives Nachdenken darüber, wie eine Lösung aussehen könnte. Schließlich trägt Vinzenz Drechsler seine erlösende Idee vor: Ich könne, weil der Bebauungsplan neben dem Parterre noch ein Stockwerk vorsehe, in der ersten Etage ein Tabakmuseum mit angeschlossener Cafeteria einrichten, vorausgesetzt, ich hätte hierfür Ausstellungsstücke in ausreichender Zahl. Außerdem müsse ich noch die Berechtigung erwerben, Lebensmittel ausgeben zu dürfen. Wenn diese Voraussetzungen erfüllt seien, stünde während der Öffnungszeiten von Museum und Cafeteria einem gleichzeitigen Verkauf von Tabakwaren nichts im Wege.

Das ist ein Wort. So wünsche ich mir Entscheidungsträger in Politik und Verwaltung. Ich beauftrage einen renommierten Architekten, das Gebäude unter Beachtung der genannten Voraussetzungen zu planen, bedeute ihm aber auch gleichzeitig, er möge seinen Ideen ruhig freien Lauf lassen, da hier etwas Außergewöhnliches entstehen solle – und keinesfalls etwas, das sich nach erfolgter Fertigstellung in die Kategorie »Nullachtfünfzehn« einordnen lasse. Schließlich müsse er bei seinen Entwürfen über die Parameter Geschäft, Museum und Cafeteria hinaus auch ausreichend Lager- sowie Wohnraum für drei Parteien berücksichtigen.

Architekt Sommerfeld, den ich mehr als originellen Künstler denn als nüchternen Architekten kennenlerne, erfüllt denn auch alle Erwartungen, die wir in ihn gesteckt haben. Als Maikel Kohlhase einmal in Köln ist, wir auch nach Niederaußem fahren und vor dem fast fertigen Rohbau stehen, meint er begeistert: »Peter, du kannst das hier nicht einfach ›Peter Heinrichs‹ nennen. Das muss ›Château Henri‹ heißen. Da gibt es für mich kein Vertun!« Und so geschieht es denn auch: Am letzten Oktobersonntag des Jahres 1994 empfängt die Außenstelle von ›Peter Heinrichs‹ in Bergheim-Niederaußem als ›Château Henri‹ ab elf Uhr Hunderte von Kunden, Gästen und Freunden des Hauses.

Doch zuvor habe ich noch meine »Frikadellenprüfung« erfolgreich hinter mich gebracht. Ort des Geschehens ist die ›Industrie- und Handelskammer zu Köln‹. Besagte Prüfung ist zwingend erforderlich, wenn jemand beabsichtigt, Lebensmittel in einem bestimmten kleinen Rahmen zu servieren (Würstchen-, Grillstand, Cafeteria et cetera), wobei diese Tätigkeit nicht als Haupterwerb ausgeübt werden darf. Dabei handelt es sich jedoch, zumindest zur damaligen Zeit, um keine Prüfung im eigentlichen Sinne. Vielmehr, so mein zuvor erworbener Kenntnisstand, doziert der Vorsitzende über das, was bei der Ausgabe beziehungsweise beim Servieren von Lebensmitteln alles zu beachten ist. Vorkenntnisse der Teilnehmer sind nicht erforderlich, und Fragen werden auch keine gestellt.

Da für mich das Ganze lediglich honorierte Beschäftigungstherapie für den Prüfungsausschuss und seinen Vorturner ist, erlaube ich mir vorzuschlagen, das Procedere abzukürzen, indem wir einige Worte wechseln, ich mir auch gerne ein paar Ausführungen zum Thema anhöre, um dann nach wenigen Minuten die Bescheinigung über die bestandene »Prüfung« in Empfang zu nehmen. Da gerate ich aber an den Falschen: Der Dozent nimmt seine Aufgabe sehr ernst, ist auch mit großem Enthusiasmus bei der Sache – und referiert geschlagene viereinhalb Stunden, währenddessen ich auf meinem Stuhl eher liege als sitze und mein Desinteresse demonstriere. Jeder, der das über sich hat ergehen lassen, erhält als Preis für diese Strapazen die entsprechende Bescheinigung über seine bestandene »Prüfung«, und so kann auch ich irgendwann mit diesem »Zeugnis« das ehrwürdige Gebäude der ›Industrie- und Handelskammer zu Köln‹ verlassen.

Ein Erfolg, der bis heute anhält

Für das ›Château Henri‹ gerät die Eröffnungsveranstaltung bei herrlichem Sonnenschein zu einem vollen Erfolg. Selbst ich als geborener Optimist habe nicht mit einem solchen Andrang gerechnet – rund neunhundertfünfzig Personen wollen sich dieses Spektakel nicht entgehen lassen, lassen sich auch nicht entmutigen durch eine regelrechte »Schlammschlacht«, bedingt durch lang anhaltenden Regen an den Tagen zuvor, der die noch unbe-

… und alle kamen: Eröffnung des ›Château Henri‹

festigten Straßen des neuen Gewerbegebiets in eine wahre Seenlandschaft verwandelt hat.

Ich habe Freudentränen in den Augen, als ich die Menschenmassen sehe, die sich auf dem Gelände und im Gebäude auf die Füße treten und bis zu einer Stunde geduldig an der Kasse warten, um die zuvor ausgesuchten Waren zu bezahlen. Viele von ihnen sind mit einem der zwei Busse gekommen, die wir von den ›KVB‹, den ›Kölner Verkehrsbetrieben‹, gemietet haben und die mit ihrem Shuttle Service den ganzen Tag über vom Müngersdorfer Stadion, der damaligen Endstation der Linie 1, nach Niederaußem und zurück pendeln.

Einige Tage darauf meint ein Kunde in der Hahnenstraße zu mir: »Herr Heinrichs, während der Eröffnung in Niederaußem ist doch mit Sicherheit viel geklaut worden, oder?« – »Da muss

Interessantes und Kurioses: Exponate im Museum des ›Château Henri‹

ich Ihnen Recht geben«, ist meine Antwort, doch ich kann hinzufügen: »Aber es ist bedeutend mehr verkauft worden. Wo nämlich nicht verkauft wird, da wird auch nicht geklaut.« Und vermeintliche Löcher in der Kasse werden in den Tagen danach noch gestopft, als uns viele Kunden, die am Eröffnungstag einfach keine Lust gehabt haben, lange zum Bezahlen anzustehen, in Niederaußem wie auch in Köln aufsuchen, um den Preis für die von ihnen ausgesuchten Pfeifen, Cigarren und Accessoires zu entrichten. Jedenfalls hat die Firma ›Peter Heinrichs‹ bei dieser Eröffnung einen Tagesumsatz gemacht, der zuvor nicht und auch danach nie mehr erreicht worden ist.

Es sind aber auch wirklich alle zu dieser Eröffnung gekommen, unter ihnen zum Beispiel – worüber ich mich sehr gefreut habe – der mittlerweile verstorbene Otto Pollner aus Bünde,

Pfeifenmacher und -kenner par excellence und einer der Größten in der Branche: »Ich wollte es mir nicht nehmen lassen, Ihnen die Ehre zu geben, an diesem Tag dabei zu sein.« Mein Freund Maikel Kohlhase ist natürlich auch da und lässt es sich in der ersten Etage gut gehen. Ebenso Franz-Josef Antwerpes, seinerzeit noch als Regierungspräsident des Regierungsbezirks Köln aktiv, der nach wie vor zu meinen treuesten Kunden zählt und an dem ich vor allem seine Wahrheitsliebe schätze – Eigenschaften, die den meisten verborgen bleiben, wohl deshalb, weil er in der öffentlichen Wahrnehmung als nicht gerade beliebter Zeitgenosse gilt.

Ich könnte jetzt weitere zahlreiche prominente Personen nennen, die an diesem Tag den Weg nach Niederaußem gefunden haben, aber da es noch nie mein Ding gewesen ist, mich mit fremden Federn zu schmücken, möchte ich es hierbei bewenden belassen. Was jedoch erwähnt werden muss: Ein Fernsehteam von *SAT.1* hat fast den ganzen Tag über die Eröffnung begleitet, und am Abend flimmerte dann ein ausführlicher Bericht über die Mattscheibe.

*

Am Anfang hat niemand außer mir – im Stillen wohl auch noch Traudchen – so recht an den Erfolg in Niederaußem geglaubt. Da war zunächst einmal eine Millioneninvestition, die getätigt werden musste. Ich habe das eher sportlich gesehen und mir gesagt: Im Notfall lassen sich die zum Gebäudekomplex gehörenden Wohneinheiten, die Lagerräume und das Ladenlokal vermieten, um damit wenigstens die Hypothek abzutragen. Aber der Gedanke daran ist nach der Eröffnung zu keiner Zeit aufgekommen. Vielmehr hat das ›Château Henri‹ mit seiner beeindruckenden, weil nicht alltäglichen Außenansicht und seiner gediegenen In-

Der begehbare Klimaraum in Bergheim-Niederaußem

neneinrichtung ›Peter Heinrichs‹ noch bekannter gemacht, vor allem im Ausland. So drehte beispielsweise die *Deutsche Welle* hier einen Film, der danach weltweit ausgestrahlt wurde, machte das Fernsehen des *WDR* für seine beliebte Sendung *Wunderschönes* NRW in Bergheim-Niederaußem Halt, wurde sogar in der Quizsendung eines viel gesehenen japanischen Fernsehsenders nach ›Château Henri‹ gefragt.

Heute bin ich in Niederaußem der »Sonntagskönig«, will heißen: Da ich die ganze Woche über hinter der Theke in der Hahnenstraße stehe, kann ich mich nur sonntags im ›Château Henri‹ blicken lassen, und da ich gerne Reden ans Volk halte, auch meine, zu allem und jedem meinen Senf dazugeben zu müssen, obwohl ich, was die »Zweigstelle« angeht, nicht immer den erforderlichen Durchblick besitze – aus diesem Grunde verleihen mir meine Frauen hin und wieder den Titel »Sonntagskönig«.

Denn das Zepter in Niederaußem schwingt Traudchen, unterstützt durch unsere drei Töchter Tanja, Petra und Sandra (geboren 1979) sowie Schwiegersohn Andreas, drei Mitarbeiterinnen und einen Mitarbeiter, die alle mit viel Engagement bei der Sache sind. Sie schaffen das, was zu bewältigen ist, locker ohne mich, erledigen den weltweiten Postversand an Endkunden im deutschsprachigen Raum, in Skandinavien und Osteuropa, in den Vereinigten Staaten, in China, Indien und Japan, um nur einige Regionen und Länder zu nennen, bedienen auch den ganz Deutschland abdeckenden Großhandel.

Mittlerweile trägt Niederaußem mehr als sechzig Prozent zum Umsatz des Familienunternehmens ›Peter Heinrichs‹ bei. Ich denke, es war eine gute Entscheidung, seinerzeit in einem Gewerbegebiet, das vom höchsten Kühlturm der Welt überragt wird, das ›Château Henri‹ entstehen zu lassen.

TEIL II

Ansichten

KAPITEL 8

Genuss ist individuell

»Wer das Leben genießt, kann kein Versager sein.«
ANNETT LOUISAN, deutsche Sängerin und Musikerin

Dieser Teil des Buches ist ein Spiegelbild meiner Gedanken und meiner Einstellung zu verschiedenen Themen und Entwicklungen, die zum einen mit den Anforderungen an ein Einzelhandelsgeschäft wie das von ›Peter Heinrichs‹ zu tun haben, zum anderen aber auch mit gewissen Strömungen innerhalb der Gesellschaft, die wiederum auf unser Tagesgeschäft einen mitunter spürbaren Einfluss nehmen und die uns dazu zwingen, sich mit ihnen auseinanderzusetzen.

Von Orgien und Gelagen, von Völlerei …

Der liebe Gott raucht entweder Pfeife oder Cigarre. Davon bin ich überzeugt. Denn er hat dem Menschen die Fähigkeit gegeben, all seine Sinne einzusetzen, um zu genießen. Diese Fähigkeit, dieses Bestreben, etwas zu genießen, war von Anfang an im Menschen angelegt, hat sich immer schon offenbart, wenn auch in unterschiedlicher Weise. Es drängt sich natürlich die Frage auf, was genau Genuss ist, wie er sich definieren lässt. Andererseits: Gibt es sie überhaupt, jene Definition, die eine gewisse Allgemeingültigkeit besitzt?

Geht man einige Jahrhunderte, gar Jahrtausende zurück, begegnen wir beispielsweise den Römern, die sich in der Zeit der Republik, mehr noch in der Kaiserzeit gerne und ausgiebig dem Genuss hingegeben haben. Da waren etwa die Thermen, in denen sie ausgiebig dem Körper wohltuende Pflege angedeihen ließen, dabei gleichzeitig die Seele baumeln lassen konnten, und da waren die Orgien mit Musik, Tänzerinnen und Tänzern sowie Weinen und Speisen der erlesensten Art, zubereitet aus Produkten, die aus aller Herren Länder eingeführt wurden, das heißt aus den Regionen, die zum Herrschaftsbereich Roms ge-

hörten, und der erstreckte sich in der Glanzzeit des Römischen Imperiums bekanntlich über drei Erdteile. Allerdings waren solche Vergnügungen der Oberschicht vorbehalten, dem Adel, den Patriziern und Teilen des Klerus, während es für das gemeine Volk *panem et circenses* gab.

»Brot und Spiele«. Immerhin. Von derlei Zuwendungen waren Untergebene im Mittel- und Spätmittelalter nahezu unisono ausgeschlossen, während sich auf den Hoflagern und Burganlagen der Grafen und Fürsten, später in den Herrenhäusern und den königlichen Residenzen die Tische bogen: Fische und Meeresfrüchte, Geflügel jeglicher Art, Ochsen, zuvor am Spieß gebraten, vor allem jede Menge Wildbret luden ein zur maßlosen Völlerei. Dabei floss der Wein in Strömen. Wie sehr sich der Adel vom Volk entfernt hatte, belegt ein Ausspruch, den Marie Antoinette im Vorfeld der Französischen Revolution angeblich geäußert haben soll. Als das hungernde Volk auf die Straßen der

Hauptstadt strömte und sie von einem ihrer Ratgeber den Grund dieses Aufruhrs erfuhr, wusste sie gleich die passende Antwort: »Wie, die haben kein Brot? Sollen sie doch Kuchen essen.« Obwohl diese Aussage nachweislich nicht von Frankreichs Königin stammte, half ihr das herzlich wenig: Im Oktober 1793, neun Monate nach der Enthauptung ihres Gemahls Ludwig XVI., musste auch sie den Gang zur Guillotine antreten. Selbst wenn ihr diese Äußerung von den Gegnern der Monarchie in den Mund gelegt wurde, um die ohnehin beim Volk verhasste Österreicherin auf Frankreichs Thron in ein noch schlechteres Licht zu rücken, zeigt das doch, wie groß seinerzeit die Kluft war zwischen Arm und Reich.

... und Genuss. Eine Annäherung

Heutzutage liegen die Dinge völlig anders. Zwar sollen sich, so die Auffassung eines führenden deutschen Politikers Anfang 2010, manche Empfänger von staatlichen Sozialleistungen unkontrollierten Ausschweifungen hingeben, durch die Erinnerungen an die spätrömische Dekadenz wach werden, die wiederum Ursache für den Untergang des antiken Weltreichs gewesen ist, aber hierauf näher einzugehen würde zu weit führen ...

Ich wiederhole: Heutzutage liegen die Dinge völlig anders. In Europa werden schon lange keine Hinrichtungen mehr vollzogen, und auch der Genussbegriff ist eindeutig anders besetzt als in vergangener Zeit. Mit dem gegenwärtigen Verständnis von und der Einstellung zum Genuss käme es niemandem in den Sinn, etwa die römischen Orgien und die (spät)mittelalterlichen Gelage mit dem Begriff »Genuss« zu belegen. Dann schon eher mit »Völlerei«. Ob sich auch Ludwig Philipp II. Joseph, Herzog von Orléans, bisweilen der Völlerei hingegeben hat, soll hier nicht das Thema sein, wohl aber ein ihm zugeschriebenes Aperçu, ebenfalls geschehen in den Wirren der Französischen Revolution: Als der Adelsmann, auch als »Philippe Égalité« bekannt, im November 1793 auf seine Hinrichtung wartete, verlangte er auf die Frage nach seinem letzten Wunsch einige Flaschen Champagner. Das hatte Stil und nötigte selbst dem Henker Respekt ab.

Hat Genuss demnach mit Stil zu tun? Das muss nicht, ist aber doch häufig so. Dabei denke ich keineswegs an Luxushotels, Nobelrestaurants und dergleichen. Stil hat zum Beispiel derjenige, der sich die Freiheit nimmt, sich abends in seinen Sessel zu setzen, um in Ruhe die Musik zu hören, die ihm gefällt, dabei einen Cognac zu trinken und eine Pfeife zu schmauchen.

Jetzt hat sich zum »Stil« auch noch der Begriff »Freiheit« gesellt. Das zeigt: »Genuss« hat nicht immer mit Essen und Trinken zu tun, ist nicht ausschließlich auf das Rauchen einer Pfeife oder einer Cigarre fokussiert, nein, Genuss kann viele Sinne ansprechen. Das Leben ist abwechslungsreich, und das Genussleben ist es ebenso, denn die Welt des Genießens hält zahlreiche Facetten bereit. Stellt sich etwa bei einem Cigarrenraucher nur dann Genuss ein, wenn er sich eine ›Cohiba‹ oder eine ›Davidoff‹ anzündet, dann wäre sein Genuss(er)leben mehr als fade.

Wie gesagt, Genuss kann viele Facetten haben, und nicht selten ist es das Zusammenspiel verschiedener Komponenten, das hier den Reiz ausmacht. Jemand kann den Anblick eines alten Automobils mit seinen weit geschwungenen Kotflügeln genie-

ßen, auch den einer Uhr mit ihrer faszinierenden Mechanik, den einer schönen Frau, eines attraktiven Mannes, auch den eines Gemäldes mit seinen Licht- und Schattenspielen, eines eindrucksvollen Gebirgsmassivs, einer Flussidylle, einer Meereslandschaft, in deren Ferne sich die Wellen mit dem Horizont vereinen; und dieser Jemand kann auch das Spiel tollpatschiger Hundewelpen oder Katzenbabys genießen, und auch das Lesen eines Artikels über einen außergewöhnlichen Menschen oder das Lesen eines spannenden Romans kann ihm durchaus nachhaltigen Genuss bereiten, nicht zu vergessen das Zusammensein mit dem geliebten Partner.

Genuss ist subjektives Erleben

Jede Cigarre, auch jede gute, geht irgendwann in Rauch auf. Davor jedoch liegen ein, vielleicht auch zwei Stunden der Muße und des Wohlbehagens. Diese Zeit, dieses Empfinden habe ich ganz für mich. Das ist etwas sehr Persönliches, mitunter, wenn ich alleine bin, auch Intimes. Solch ein Erlebnis habe ich exklusiv. Es kann mir niemand mehr nehmen. Und dieses Kontemplative hat sehr, sehr viel mit Genuss zu tun, auch deshalb, weil ich damit meine Seele streichle.

Wie oben ausgeführt, hat Genuss viele Gesichter. Ich zum Beispiel genieße es neben anderem vor allem, jeden Tag meine Kunden beziehungsweise Freunde in meinem Laden zu begrüßen. Bei anderen Menschen wiederum fängt der Genuss beim Frühstück an, wenn der eine ein weich gekochtes Ei bevorzugt, während der andere lieber ein Rührei mit oder ohne Speck auf seinem Teller hat, und hört mit dem Abendessen noch lange nicht auf. Genuss ist somit stets individuell, auch deshalb, weil

Grandseigneur und Botschafter des Genießens: Zino Davidoff, den Connaisseur von Weltruf, verehre ich immer noch

jeder Mensch in einem bestimmten Elternhaus aufgewachsen ist, eine bestimmte Erziehung bekommen, eine bestimmte Ausbildung hinter sich gebracht, eine bestimmte Umwelt erlebt hat. Das alles und noch bedeutend mehr prägt ihn, und stets ist es die Summe all seiner Erfahrungen und Erlebnisse, die ihn zu dem gemacht hat, der er zu jedem Augenblick seines Lebens ist.

Bei Genuss denken, wie ebenfalls schon gesagt, die meisten an gutes Essen und Trinken, haben auch ein Sinn entwickelt für erstklassige Produkte, die auf natürliche Weise gewachsen oder aufgewachsen sind. Dazu gehören Obst und Gemüse, Fleisch und Fisch ebenso wie sorgsam aufbereiteter Tabak für die Pfeife und für die Fertigung von Cigarren. Es hat sich, so kann definitiv festgestellt werden, in den letzten Jahren ein Qualitätsbewusstsein entwickelt, das sehr viel zu der Genusskultur beigetragen hat, wie sie sich heute darstellt.

Zino Davidoff, der große Epikureer, hat einmal auf die Frage nach der besten Cigarre der Welt unter anderem Folgendes geantwortet: »Das ist diejenige, die es Ihnen erlaubt, sich zu entspannen, zu genießen, und die Sie auf den Gipfel des Genusses führt.« Und gefragt, wie viele Cigarren pro Tag das richtige Maß seien, meinte er folgerichtig: »Keine, wenn Sie nicht die Zeit haben, sie zu genießen.« Dem ist nichts mehr hinzuzufügen.

KAPITEL 9

Innovation im Einzelhandel

»Tüchtigkeit ist weder Fähigkeit noch Begabung, sondern Gewohnheit.«

PETER F. DRUCKER, US-amerikanischer Ökonom österreichischer Herkunft

Ich erfuhr es gegen Mitte des Jahres 1996: Der ›Hauptverband des Deutschen Einzelhandels‹ hatte entschieden, mich mit dem ›Deutschen Handelspreis‹ für den »besten Einzelhändler in Deutschland« auszuzeichnen. Das freute mich natürlich ungemein, sorgte bei mir aber auch für eine nicht zu verbergende Aufgeregtheit – schließlich muss man bei derartigen Anlässen eine Rede halten, womit mir eine bis dato nicht gemachte Erfahrung bevorstand.

Jeden in meinem Umfeld habe ich verrückt gemacht, und so meinten dann einige, mich unterstützen zu müssen, indem sie mir beispielsweise beim Verfassen der Rede, die ich halten sollte, nachdrücklich halfen. Schließlich mussten sich meine Familie und meine Mitarbeiter jeden Tag anhören, was ich denn vortragen wollte – und waren am Ende froh, als endlich der Tag X gekommen war.

Vierundzwanzig Stunden vor dem besagten Tag X ging zunächst die Preisverleihung im Kölner ›Museum Ludwig‹ vor rund hundert Gästen über die Bühne, dabei auch, neben Familie und Mitarbeitern, Hannah Reinartz vom ›Bundesverband des Tabakwaren-Einzelhandels‹, deren Initiative maßgeblich dazu beigetragen hatte, dass mir diese Ehre zuteil wurde, und Holger Wenzel, Hauptgeschäftsführer des ›Hauptverbandes des Deutschen Einzelhandels‹ – und natürlich Lovro Mandac, denn der Vorsitzende des Vorstands der ›Kaufhof Warenhaus AG‹ hielt schließlich, nach einigen lobenden Worten Holger Wenzels, die Laudatio …

Sehr geehrte Damen und Herren, Stars oder Sternschnuppen? Beides ist uns aus unserem täglichen Handelsleben nicht ganz unbekannt. Die Stars, die echten Sterne des Handels, die Glanzlichter unserer Städte, sind uns dabei natürlich die liebsten Wegbegleiter.

Die Sternschnuppen sind allerdings auch nicht zu verachten, erfüllen sie doch angeblich die geheimen Wünsche der Menschen.
Über innovative Verkaufskonzepte im Handel und ihre Effekte werden wir morgen in aller Ausführlichkeit mehr erfahren. Das A und O aller neuen Entwürfe muss die Orientierung an den Kundenwünschen sein, und so haben sich die Konzepte im Laufe der Jahre ständig verfeinert, sind anspruchsvoller und individueller geworden. Es haben sich Bereiche herauskristallisiert, die wichtige Eigenschaften mitbringen, sich zum Star zu entwickeln und nicht als Sternschnuppe im Sandkasten von Himmelsdeutern zu verglühen. Der ganze Freizeitbereich gehört beispielsweise dazu. Zwar scheinen die Deutschen im Moment weniger zu verreisen, der Freizeitstern zieht dennoch ungebrochen seine Bahn.
Auch der Trend zum Cocooning, nach der Devise »My home is my castle«, ist viel mehr als eine Sternschnuppe, ebenso wie das Thema Convenience, das schon längst über den Lebensmittelbereich, das schnelle Kochen und Genießen hinausgeht. Singles, Senioren, Service sind wichtige Bereiche, die nicht nur ihren ersten Buchstaben mit dem Stern gemeinsam haben. Telekommunikation ist weiterhin ein Wachstumsbereich, der viele Handels- und Verbraucheraugen zum Glänzen bringt.
Doch nicht überall herrscht eitel Sonnenschein. Das sollten wir auch an einem so himmlischen Abend wie dem heutigen nicht ganz vergessen. Wir im Handel wünschen uns und vor allem den Menschen in den neuen Bundesländern, dass sich der Handelshimmel dort in den Städten bald erhellt und die Innenstädte wieder ihre starke Urbanität ausstrahlen.
Meine sehr verehrten Damen und Herren, liebe Nichtraucher, liebe Raucher. Ich habe heute die Ehre und die Freude, den ›Deutschen Handelspreis 1996‹ anlässlich des ›13. Kölner Handelsforums‹ zu überreichen. Ich hoffe nicht, dass der Preisträger wegen dieser Zahl

abergläubisch ist. Denn heute ist sicher eine Sternstunde für den echten Kölner Peter Heinrichs, der wie das Land Nordrhein-Westfalen auf eine Lebenszeit von fünfzig Jahren zurückblicken kann. Ein Leben für die Pfeife, so könnte man fast sagen. Qualität, Vielseitigkeit und Preis bringt er unter einen Hut, so beschreibt ihn das Programmheft. Eigenschaften also, die der Kunde von heute im Handel zu Recht erwartet.

Und auch seinem Wahlspruch: »Der Beste zu sein heißt, auch das Beste zu bieten« möchten sich sicher viele von uns gern anschließen. Unseren heutigen stolzen und glänzenden Preisträger kann man natürlich nicht »in der Pfeife rauchen«. Klar, dass die Pfeife zu Wortspielereien verlockt und im deutschen Sprachgebrauch mannigfach vertreten ist. Er hat aus der Pfeife zehntausendfach ein Premium-Produkt entwickelt, das sein ›Château Henri‹ in Bergheim und die Hahnenstraße in Köln zu einem Mekka der Genießer auch aus dem Ausland hat werden lassen. Sein Geld in der heutigen Zeit mit dem edlen Rauch zu verdienen ist nicht leicht und wird, wenn wir die Kampagnen gegen das Rauchen in den USA beobachten, eher noch schwieriger, zumal die Cigaretten auch teurer werden.

Des einen Leid, Herrn Heinrichs Freud. Die New Yorker Wall Street meldete vor kurzem: Cigarren sind »in«. Immer mehr ziehen den Zug an Cigarre oder Pfeife den hastigen »Glimmstengeln« vor. »Heinrichs, der Umsatz bricht.« Diesen Spruch wird man in Köln bei ihm kaum hören. Schließlich hat er schon seit längerem mit einer eigenen Tabakcigarette eine Nische im Markt gesucht und gefunden. Heinrichs Expansionsrauch zieht inzwischen Kreise bis in die USA, nach Taiwan und Australien. Die limitierte Pfeifenauflage von ›Dunhill‹ und ›Stanwell‹ anlässlich des fünfzigsten Geburtstags unseres Preisträgers wird sicher ein Star in den Sammlervitrinen der Pfeifenliebhaber werden.

In Ihrem Schrank, lieber Herr Heinrichs, soll der ›Deutsche Handelspreis 1996‹ einen Ehrenplatz einnehmen. Herzlichen Glückwunsch. Stoßen Sie bitte mit mir, liebe Gäste, auf das Wohl des Preisträgers an.

Da ich schon damals recht artig war und auch wusste, was sich gehört, bedankte ich mich mit einer Rede, an der ich zusammen mit Traudchen tagelang gefeilt hatte. Ich nahm also meine Blätter hervor und las wortwörtlich alles ab, um nur ja nicht etwas Schwachköpfiges zu sagen und damit dumm dazustehen ...

Meine sehr verehrten Damen und Herren, sehr geehrter Herr Wenzel, sehr geehrter Herr Mandac, ich möchte mich bei Ihnen und beim Kuratorium des ›Deutschen Handels‹ sehr herzlich für die hohe Auszeichnung bedanken, die Sie mir beziehungsweise meinem Unternehmen heute haben zuteil werden lassen.
Ich finde es sehr bemerkenswert, aber ich freue mich natürlich darüber, dass die Auszeichnung auf ein Unternehmen gefallen ist, das in einer Branche zu Hause ist, die sich nicht nur wirtschaftlich schwertut, sondern seit Jahren im Kreuzfeuer der öffentlichen Kritik steht.
Diese Feierstunde ist sicher nicht der Ort, sich mit den Einzelheiten des Themas »Rauchen und Gesundheit«, mit dem meine Kollegen und ich täglich in unseren Geschäften konfrontiert werden, auseinanderzusetzen. Lassen Sie mich dazu nur eines anmerken: Ich bin Tabakwarenhändler mit Leib und Seele, und ich stehe zu den Produkten, die ich verkaufe. Man sollte bei allen kritischen Anmerkungen nicht vergessen, dass Tabak seit Jahrhunderten ein hochgeschätztes Kulturgut ist, das vielen Menschen zur Entspannung, aber auch zur Anregung dient. Hauptsächlich ist es aber ein Produkt zum Genießen, und ich bin der festen Überzeugung, dass eine gute Cigarre oder eine Pfeife zur Abrundung schöner, angenehmer Stunden beiträgt.

Meine Damen und Herren, es macht mich stolz, der Preisträger des diesjährigen ›Deutschen Handelspreises‹ zu sein, und die lobenden Worte, die Herr Wenzel und Herr Mandac in Ihren »Laudationes« für mich und meine Aktivitäten gefunden haben, machen mich sogar verlegen. Ich nehme diesen Handelspreis gerne entgegen und werte ihn als eine Anerkennung für die gesamte Leistung des Unternehmens ›Peter Heinrichs‹.
Ich bin zwar unbestreitbar einer der Väter dieses Erfolgs, jedoch keineswegs sein einziger. Wo stünde ich heute ohne das große Engagement meiner Frau, die allzeit meine Pläne unterstützt hat und mir half, sie voranzutreiben? Ohne die tatkräftige Mitarbeit meiner mittlerweile erwachsenen Töchter und Schwiegersöhne, die sich für den Eintritt in ihres Vaters Geschäft entschieden haben, was heutzutage sicherlich nicht mehr die Regel ist? Wo stünde ich ohne die Mitwirkung meiner Lieferanten, von denen ich drei gerne herausstellen möchte: Michael Kohlhase, Bernd Kopp und Peter Jörgensen, den für Deutschland verantwortlichen Direktor der Firma ›Dunhill‹, die auch in schlechten Zeiten an mich und meine Konzepte geglaubt haben.
Außerdem – und das möchte ich an dieser Stelle auch herausstellen – danke ich den Verantwortlichen der Stadtsparkasse Köln, mit denen ich nun seit sechsunddreißig Jahren vertrauensvoll und erfolgreich zusammenarbeite. Schließlich: Was hätte ich ohne den täglichen engagierten Einsatz aller meiner Mitarbeiter innerhalb der letzten Jahrzehnte bewirken können? Welcher Spielraum bliebe mir heute und in Zukunft ohne die kompetente und freundschaftliche Unterstützung meiner Kunden?
Sie können sicher sein, dass meinen Mitarbeitern und mir noch einiges einfallen wird. Gehen Sie davon aus, dass der Name ›Peter Heinrichs‹ auch in Zukunft eng mit innovativen Verkaufskonzepten verbunden bleibt. Herzlichen Dank.

Verleihung des ›Deutschen Handelspreises 1996‹. Neben Traudchen Lovro Mandac, neben mir Holger Wenzel

Einen Tag nach der Verleihung war ich dann noch mal an der Reihe: Im ›InterConti‹ sollte ich vor vierhundert geladenen Gästen den von Lovro Mandac angekündigten Vortrag über innovative Verkaufskonzepte halten. Ich war immer noch aufgeregt wie ein Teenager vor seinem ersten Rendezvous, und da ich in solchen Situationen immer um Beistand von ganz oben bitte und ich nicht mal so eben nach Lourdes fahren konnte (was übrigens für mich in jedem Jahr Pflicht ist), suchte ich die Kirche in der Schwalbengasse auf und hielt dort Zwiesprache mit der ›Schwarzen Muttergottes‹. Kurz darauf stand ich an meinem Pult, schaute hin und wieder auf mein Manuskript und redete so, wie mir der Schnabel gewachsen war. Das kam hervorragend an, und nicht wenige haben sich gebrezelt vor Lachen.

Da ich natürlich nicht mehr weiß, was ich so alles zum Besten gegeben habe, soll an dieser Stelle endlich einmal der Originaltext zu Wort kommen – es handelt sich hier also um eine Premiere, denn dieser Text ist bisher weder vorgetragen noch abgedruckt worden ...

Sehr verehrte Damen und Herren, der große englische Ökonom Adam Smith stellte einmal in einem seiner berühmten Aussprüche fest, dass wir nicht vom Wohlwollen des Fleischers, des Brauers oder des Bäckers unser Nachtmahl erwarten, sondern von deren Bedacht auf ihre eigenen Interessen. Vom wohlverstandenen Bedacht auf die eigenen und die Interessen meiner Kunden soll deshalb auch mein folgender Vortrag handeln.

Erlebnis und Servicequalität

Als Einzelhändler und als Tabakwarenfachhändler im Besonderen habe ich es seit nahezu fünfunddreißig Jahren mit einem Produkt zu tun, auf das manche von Ihnen sicherlich leichten Herzens verzichten können. Doch als Einzelhändler im Allgemeinen hat das Thema des diesjährigen ›Handelsforums‹ – »Innovative Verkaufskonzepte im Handel und was sie bringen« – für mich dieselbe Bedeutung wie für alle anderen Einzelhändler, gleich welches Produkt sie verkaufen. Nun bin ich kein Mann der vielen und großen Worte, und doch möchte ich Ihnen am Beispiel meines Hauses kurz erläutern, was es bedeutet, mit Erlebnis und Servicequalität jeden Tag das Bestmöglichste zu geben. Diese Messlatte, der Beste zu sein – das mag bei einem Einzelfachhändler meines Kalibers ein sehr hoher Anspruch sein, einer, dem es gilt, jeden Tag gerecht zu werden. Der Weg dahin war lang und häufig auch recht steinig, doch das soll hier nicht im Einzelnen erörtert werden.

Im Jahre 1963 machte ich mich als Siebzehnjähriger mit nicht mehr als dreitausend Mark selbstständig. Elf Jahre später eröffnete ich mein ›Haus der 10.000 Pfeifen‹. Heute, 1996, ist daraus ein kleines Imperium geworden: zwei Tabakwarengeschäfte, Groß- und Versandhandel in den USA und in Taiwan. Dieses kleine Imperium zu führen erfordert weniger Mut als vielmehr eine enorme physische Anstrengung, nicht zuletzt auch eine intakte Familie, was für mich besonders wichtig ist.

Sehen Sie, die Firma ist mein Leben! Ich bin kein Mensch luxuriösen Lebensstils. Und welchen Sinn die Anhäufung von immer mehr Geld als Selbstzweck haben soll, hat mir auch noch niemand vernünftig erklären können. Insofern ist Geld für mich nur ein Arbeitsmittel, etwas, mit dem ich neue Projekte in Bewegung setzen kann. Und Größe? Größe ist nicht die Dimension des Geschäfts, sondern die Haltung zur Arbeit, zu einer Aufgabe, zu den Mitmenschen – und nicht zuletzt zu den Kunden.

Dass höchste Qualität für mich immer ein Auftrag gewesen ist, dem ich besonders beim Einkauf nachgehe, ist sicherlich als ein nicht geringer Teil meines Erfolgs anzusehen. So ist es eine Selbstverständlichkeit für mich, Reklamationen großzügig zu handhaben, auch wenn sie manchmal die Grenze des Machbaren eigentlich übersteigen.

Diese Einstellung, die mich schon immer geleitet hat, führte dazu, immer perfekter zu werden, das heißt, ich habe nicht nur versucht, die besten Produkte für meine Kunden einzukaufen, sondern auch, meine Kunden bestens zu bedienen. Wer einmal ein hohes Niveau erreicht hat, ist natürlich auch bestrebt, diesen Standard zu halten. Hierzu muss ich jedem Kunden beweisen, dass unsere Servicequalitäten und Produkte tatsächlich eine Alleinstellung einnehmen, die ganz oben angesiedelt ist.

Dazu gehört etwa das abgenutzte Pfeifenmundstück, das wir unentgeltlich aufpolieren, während der Kunde bei einer Tasse Kaffee darauf warten kann. Dazu zählt außerdem derjenige Kunde, der beim Pfeifenkauf gerne beraten werden möchte und zudem unschlüssig nach »seinem« Tabak sucht: Bei mir kann er mehr als zweihundert Sorten kosten und wird dabei die Mischung finden, die seinem Geschmack entspricht. All das in Perfektion darzubieten ist ein weiterer Teil unseres Erfolgsgeheimnisses – ebenso eine genaue Kenntnis der Materie als selbstverständliche Voraussetzung, die der Kunde erwarten darf.

Das A und O: Freude an der Arbeit

Sie sehen, erfolgreich verkaufen, jeden Tag der Beste sein ist weniger eine Geheimwissenschaft als vielmehr eine Kombination aus Kompetenz, innovativen Ideen, Achtung vor dem Kunden und vor allem Freude an der Arbeit. Solange meine Mitarbeiter und ich jeden Tag Freude an unserer Arbeit haben, werden wir diese Atmosphäre auch auf unsere Kunden übertragen können. Auch das ist eine Binsenweisheit, zu der weder Sie noch Ihre Mitarbeiter einen sündhaft teuren Verkaufstrainer benötigen.

Den Kunden als Persönlichkeit annehmen, ihm in Zeiten der Massenabfertigung zu vermitteln, nicht einer unter vielen zu sein, dessen Geld man jedoch gerne nimmt – auch darin liegt ein Teil des Erfolgs. Eines müssen Sie in diesem Zusammenhang wissen: Pfeifen- und Cigarrenraucher sind sehr eigene Menschen – Menschen, die sich nicht mit einer Behandlung als »durchlaufender Kunde« zufriedengeben möchten. Außerdem: Klingt »durchlaufender Kunde« nicht ähnlich wie »durchlaufender Posten«? Hand aufs Herz: Strebt einer unter Ihnen in seinem Arbeitsalltag eine Tätigkeit an, die der eines Durchlauferhitzers gleicht? Wohl kaum.

Zurück zu unserem Arbeitsalltag. Großen Anklang – und Andrang – erleben wir beispielsweise, wenn ich mehrmals im Jahr namhafte Pfeifenhersteller einlade, die dann ihre Pfeifen in meinen Geschäften vor Publikum herstellen. Wer möchte, kann sich dabei seine ganz persönliche Pfeife fertigen lassen. Erlebnisqualität im Handel hat also keineswegs etwas mit Zirkusnummern zu tun, bei denen sich die Mitarbeiter radschlagend durch die Geschäftsräume bewegen.

Bereits seit sechs Jahren bringe ich dreimal im Jahr eine Zeitschrift mit dem Titel ›Smoker Journal‹ heraus – mit Informationen aus der Welt der Tabakkultur, zu neuen Pfeifenmodellen sowie zu Raritäten. Und vor zwanzig Jahren habe ich in meinem Kölner Geschäft etwas begonnen, das später die Friseure übernommen haben und das heute in vielen anderen Branchen gang und gäbe ist: dem Kunden eine Tasse Kaffee anzubieten. Das entspannt die Atmo-

sphäre, er fühlt sich bei uns willkommen geheißen, und man kann sich – sehr wichtig – gemeinsam in aller Ruhe dem Zweck seines Besuchs widmen.

Der Kunde ist mein Freund

Sehen Sie, meiner Lebensphilosophie nach ist der Kunde mein Freund, und da ich möchte, dass meine Freunde zufrieden sind, begegne ich ihnen dementsprechend. Die Menschen, die zu mir kommen, sollen sich wohlfühlen. Jeder, der unzufrieden aus meinem Geschäft geht, ist für mich ein verlorener Kunde – und so weit darf es gar nicht erst kommen. Wissen Sie, man sollte sich wieder darauf besinnen, mit »Herz« zu verkaufen, sich freuen, wenn ein Kunde den Laden betritt. Bei mir wird derjenige, der eine Pfeife für dreitausend Mark kauft, nicht anders behandelt als derjenige, der eine für dreißig Mark erwirbt – und meine Kunden honorieren das.
Um meine Philosophie besser zu verstehen, möchte ich sie Ihnen kurz erläutern: Ich bin bekennender Katholik. Bei mir lautet die Reihenfolge: der Glaube an Gott, meine Familie und dann mein Geschäft. Nennen Sie das ruhig die »Heinrich'sche Dreieinigkeit«. Was immer ich auch mache, ich mache es mit Leib und Seele – ansonsten kann ich es auch bleiben lassen. Mich fasziniert die Materie, mit der ich täglich umgehe, denn meiner Meinung nach gehören Tabake, Pfeifen und Cigarren zu den interessantesten Produkten, die es auf dieser Welt zu kaufen gibt.
Das mag vielleicht einigen von Ihnen nicht ganz verständlich erscheinen, und deshalb möchte ich an dieser Stelle ein paar kurze Überlegungen prinzipieller Art anstellen. Warum, so frage ich mich, genießt der amerikanische Handlungsreisende, der »salesman«, in seinem Land ein so hohes soziales Ansehen und sein deutscher Kollege, der Vertreter, ein so miserables? Gleiches gilt in die-

sem unseren Land für den Verkäufer oder die Verkäuferin, selbst wenn man sie zu »Einzelhandelskaufleuten« befördert hat. Ob da wohl Rückschlüsse auf die Wirtschafts-, die Verkaufskultur möglich sind? »Verkaufen«, sagte einmal der deutsche Mathematiker und Wirtschaftswissenschaftler Helmar Nahr, »verkaufen heißt, dem Verkäufer behilflich zu sein, mit der Ware eine positive Vorstellung zu verbinden.«

Vielleicht sollten wir uns daran erinnern, dass die Entscheidung für ein Produkt weit mehr mit dem Akt des Sich-Inspirieren-Lassens, des Sich-Informierens und des genussvollen Auswählens zu tun hat als mit dem simplen Tausch einer Ware gegen Geld. Sicherlich werden mit aller Motivation und auch mit der entspanntesten Atmosphäre nicht der notorische Nörgler, der Miesmacher oder der zwanghafte Besserwisser außer Gefecht gesetzt, doch eines ist damit grundsätzlich erreicht: Der Kunde wird das ihm entgegengebrachte persönliche Willkommen in fast allen Fällen erfreut zur Kenntnis nehmen – und er wird es zu unterscheiden wissen von all jenen Fällen, in denen ihm derart unpersönlich begegnet worden ist, dass er sich schon gefragt hat, ob er etwas falsch gemacht habe. Dass er überdies von uns kompetent, freundlich und geduldig beraten wird, versteht sich von selbst.

In meinen Geschäften habe ich genug Pfeifen am Lager, um die optimale Versorgung meiner Kunden stets zu gewährleisten. Trotzdem bin ich andauernd auf der Suche nach neuen Entwicklungen. Der Einkauf ist nun mal eines der entscheidenden Kriterien. Hier gilt es, die richtige Relation von Menge und Preis zu finden, wobei ich der Ansicht bin, man solle Sonderangebote nicht überbewerten. Masse anstatt Klasse rechnet sich in meiner Branche nicht. Schon gar nicht in unserer zunehmend genussfeindlichen Zeit. Zudem vertrete ich den Standpunkt, ein Produkt nicht unbedingt wegen seines großen klangvollen Namens ins Sortiment aufzunehmen.

Ich schaue da schon gerne genauer hin, denn es lohnt sich häufig, auch kleinen und innovativen Herstellern eine Chance zu geben. Darüber hinaus bin ich der Meinung, dass viel zu viel über den Preis gesprochen wird. Meiner Erfahrung nach gibt der Kunde für Qualität mehr Geld aus, als man allgemein glaubt.

Eine eigene Cigarettenmarke

Eine eigene Cigarettenmarke und ein Tempel der Rauchkultur – zahlen sich neue Wege und kreative Ideen noch aus?
Sie tun es, meine Damen und Herren, auch wenn manchmal der Zufall Pate steht. So entwickelte ich vor drei Jahren die Cigarettenmarke ›Peter Heinrichs‹ für all jene Kunden, die gerne schon einmal zur Cigarette greifen, jedoch auf den Genuss von Pfeifentabak nicht verzichten wollen. Es ist, wohlgemerkt, eine Cigarette, die Pfeifentabak enthält – bisher einmalig in Deutschland. Mit ihrer Entwicklung verbindet sich eine kleine Anekdote, die schmunzeln lässt – und die deutlich macht, wie zufällig Geschäftsideen geboren werden können.
Eines Tages erfuhr ich von einem langjährigen Kunden, der regelmäßig Tabak bei mir kaufte, dass er überhaupt nicht Pfeife rauchte. Vielmehr drehte er sich Cigaretten daraus, da er den Geschmack des Pfeifentabaks als wesentlich genussvoller empfand. Und hier, verehrte Zuhörer, liegt auch die Ursache dafür, dass immer mehr Raucher gewöhnlicher Cigarettenmarken auf Pfeife und Cigarre umsteigen. Sie finden keinen Geschmack mehr am Cigarettenrauchen, denn die Urform des Rauchens besteht im Genuss des reinen Tabaks.
Leider konnte ich bei meiner ›Peter Heinrichs‹-Cigarette nicht auf die Papierhülse verzichten. Sie ist jedoch auch das einzige Merkmal, das meine Cigarette mit herkömmlichen »Glimmstengeln«

gemeinsam hat. Ihr großer Erfolg bei den Kunden spricht dabei für sich: Sie wird in der Bundesrepublik in unzähligen Geschäften verkauft, ist auch in der Schweiz als Spezialität für den Tabakgourmet zu haben, und zudem wird sie über unseren weltweiten Tabakwarenversandhandel vertrieben. Insgesamt setze ich von meiner ›Peter Heinrichs‹-Cigarette fünfzig Millionen Stück jährlich um.
Wie ich schon habe anklingen lassen, verhält es sich mit der Cigarre ganz ähnlich. Der Geschmack vieler Raucher entwickelt sich zunehmend in eine bestimmte Richtung: Der Genuss reinen Tabaks drängt immer mehr in den Vordergrund. Hinzu kommt sicherlich auch, dass vor allem innerhalb der letzten Jahre die Cigarre in den Vereinigten Staaten durch eine Reihe prominenter Hollywood-Größen gewaltige Popularität erlangt hat – vielleicht auch im Rahmen einer Art »Gegenbewegung« in einer Gesellschaft, die den Tabakgenuss seit Jahren zu kriminalisieren versucht.
So entfällt ein beachtlicher Teil der Umsätze unseres Versandhandels in den Vereinigten Staaten auf die Cigarre. Zudem ist sie ein fester Bestandteil im Sortiment meiner Geschäfte geworden. Wobei ich jedoch die dreißigprozentige Umsatzsteigerung bei Premium-Cigarren, die innerhalb der letzten Jahre zu konstatieren ist, vor allem der eben beschriebenen Entwicklung des Konsumentenverhaltens hin zu qualitativ hochwertigen Genussprodukten zuschreiben möchte.

Ein Tempel der Rauchkultur

Vor etwa drei Jahren kaufte ich in Niederaußem, einer kleinen, zur Stadt Bergheim gehörenden Gemeinde, ein Grundstück im sicherlich »hässlichsten Gewerbegebiet Deutschlands«. Allerdings besaß es einen ganz besonderen, nennen wir es strategischen Charme: Es liegt inmitten des geografischen Dreiecks Köln–Düsseldorf–

Aachen. Von der Kölner Innenstadt aus ist es in knapp fünfundvierzig Minuten zu erreichen.
Bis dato hatte dort keiner einen Stein auf den anderen setzen mögen, was eigentlich auch niemandem zu verdenken war. Viele meiner Freunde schüttelten verständnislos den Kopf über mein Vorhaben, dort einen Laden errichten zu wollen. Mir schwebte jedoch keineswegs ein simpler Laden vor, sondern »Deutschlands erstes Zentrum für Liebhaber des Rauchgenusses«.
Jeder von Ihnen kennt die Immobiliensituation in und rund um die Innenstädte unserer Ballungszentren. Ein solches Vorhaben wäre innerhalb der Kölner Stadtgrenzen undurchführbar gewesen, abgesehen davon, dass ich den Vorteil der geografischen Lage verschenkt hätte. Da mir die dortige Gemeinde überdies sehr hilfreich zur Seite stand, fiel die Entscheidung letztlich für Bergheim – und ich zog aufs Land.
Vor zwei Jahren konnte ich das ›Château Henri‹, so taufte ich meinen »Tempel«, schließlich eröffnen, und zwar unter großer Anteilnahme von knapp tausend meiner Kunden. Mit diesem ›Château Henri‹ habe ich mir einen alten Traum verwirklicht, verbunden mit der Vorstellung, dass dieses Zentrum in erster Linie ein Anziehungspunkt für viele Raucher auch aus der weiteren Umgebung werden sollte. Ich wollte also die Kunden eines möglichst großen Einzugsgebiets ansprechen, doch überdies auch ein Zeichen für meine Branche setzen, um ein wenig der Resignation entgegenzuwirken, die sich dort innerhalb der letzten Jahre ausgebreitet hat.
Was erwartet nun den ereignisverwöhnten Besucher angesichts meines »Tempels der Rauchkultur«? Zuerst einmal das Ereignis eines Kontrasts, wie er totaler kaum möglich ist. Sich den Konturen des eleganten, sechsgiebligen und zudem im Halbrund angeordneten, zweigeschossigen Bauwerks nähernd, versucht der Besucher die dunklen Schatten zu verscheuchen, mit denen die Türme

des benachbarten Kohlekraftwerks die umliegende Landschaft auf ewig in Finsternis tauchen wollen. Hat er das Gebäude erst einmal betreten, erwartet ihn jene architektonische Feinkost, die der Halbrundbau von der Ferne schon versprochen hat: elfhundert Quadratmeter heller, großzügig angeordneter, lichtdurchfluteter Räume, verteilt auf zwei Ebenen – viel Platz für meine Freunde und alle Liebhaber der Rauchkultur. Die untere Verkaufsebene gliedert sich in drei große, helle Räume, die es ermöglichen, die gesamte Warenpalette optimal übersichtlich zu präsentieren.

Auf der grünen Wiese in Niederaußem sind zu den zwanzigtausend Pfeifen meines Kölner Geschäfts noch einmal zwanzigtausend hinzugekommen. Zudem war es mir hier möglich, einen der bis dato weltweit größten »Cigarrenhumidore«, einen begehbaren Klimaraum, meines Wissens nach sogar den größten Humidor der Welt, einbauen zu lassen.

Im Obergeschoss lädt den Besucher alsdann ein kleines Museum zum Verweilen und Betrachten ein. Dort habe ich eine Auswahl interessanter Exponate zusammengetragen, die erhellend zur Entwicklung und zur Geschichte des Pfeifen- und Cigarrenrauchens beitragen. Dem Museum gegenüber, jedoch auf der gleichen Ebene, bietet schließlich eine Cafeteria Stärkung und Erfrischung, während urgemütliche Sitzecken mit alten englischen Clubsesseln zu Besinnung und Muße einladen.

In diesem angenehmen Ambiente habe ich kürzlich eine weitere Idee verwirklicht: Der ›Smoker Treff‹ ist eine Art moderner Wiederbelebung des ›Tabakskollegiums‹ Friedrich Wilhelms I. von Preußen. Der »Soldatenkönig« hatte es einst zu einer festen Einrichtung seiner Zeit gemacht.

Für all jene, die mir nun endgültig Größenwahn bescheinigen möchten, sei kurz erläutert, dass ich keineswegs daran denke, mich mit dem Preußenkönig zu vergleichen. Trotzdem gibt es eine Parallele

zwischen dem ›Tabakskollegium‹ aus alter Zeit und dem ›Smoker Treff‹: So wie einst Friedrich Wilhelm I. im entspannten Zusammensein mit Zeitgenossen die Stimmung im Lande und in der Welt um ihn herum zu erkunden suchte, versuche auch ich die Stimmung und die Vorlieben meiner Kunden zu erforschen.
Grundsätzlich handelt es sich jedoch beim ›Smoker Treff‹ um eine zwanglose Zusammenkunft von interessierten Rauchern aller Altersstufen, die sich viermal im Jahr auf ›Château Henri‹ zum regen Gedankenaustausch über die Welt des Tabaks und alle anderen Themen von Interesse zusammenfinden. In informeller Atmosphäre können Tabake verkostet werden, während auch für einen Imbiss und Getränke gesorgt ist. Hier ist jeder Interessierte willkommen.
Aufgrund des Museums und der sich anschließenden Cafeteria ist sonntags in Niederaußem geöffnet – dann können Sie auch mich in den Räumen des ›Château Henri‹ antreffen, wozu ich Sie herzlich einlade.
Wie ich bereits erwähnte, habe ich mir mit diesem Bauwerk einen Traum verwirklicht, doch soll es keineswegs mein letzter sein, denn an Ideen mangelt es mir nicht. So denke ich daran, das »Produkt Peter Heinrichs« in seiner gesamten Bandbreite zu erweitern. Ein Konzept, in dessen Verlauf in einigen großen Städten der Bundesrepublik Häuser und Zentren entstehen werden, die meine Ideen und Produkte noch weit umfangreicher vermarkten werden. Bisher ist das nur ein Gedanke, doch auch das ›Château Henri‹ begann mit einem Gedanken. Und Risiken haben mich, solange sie kalkulierbar sind, noch nie erschreckt.
Zum Schluss möchte ich den Erfolg meiner Unternehmungen auf einige Kernfaktoren zusammenfassen: Ich habe keineswegs das Rad neu erfunden, geschweige denn es jemals versucht. Vielmehr habe ich mich an eine Reihe alter »Wahrheiten« gehalten und diese elementaren Grundsätze konsequent weiterentwickelt. Als da wä-

ren: erstklassige Produkte, kompetente Beratung in persönlicher Atmosphäre, reibungsloser Service und vor allem ein hoher Grad an Achtung vor meinen Kunden.

Sie sehen, über großartige neue Strategien konnte ich Ihnen heute gar nicht viel erzählen. Außer dass die Erinnerung an und die strikte Umsetzung von »alten Kaufmannstugenden«, wie ich sie hier einmal nennen möchte, tatsächlich dazu führen können, dass man nicht nur Kunden hält, sondern auch immer mehr neue hinzugewinnt. Auch wenn wir noch Lichtjahre davon entfernt sind, dass der Kunde einmal König sein wird, so wird es mein stetes Bemühen sein, ihn als Freund zu behandeln.

Meine sehr verehrten Damen und Herren, Sie waren mir eine geneigte und geduldige Zuhörerschaft. Dafür danke ich Ihnen.

*

Ich war geschafft, aber auch zufrieden, denn ich hatte meinen Vortrag relativ gut über die Bühne gebracht. Jetzt konnte ich mich dem angenehmeren Teil des Abends widmen ...

KAPITEL 10

Ein Kulturgut auf dem Abstellgleis

»Ideologie ist Ordnung auf Kosten des Weiterdenkens.«
FRIEDRICH DÜRRENMATT, Schweizer Schriftsteller und Dramatiker

Zum Thema »Nichtraucherschutz und Rauchverbote« ist schon viel gesagt und geschrieben worden. Meist Unsinniges. Nur so viel: Unsere westliche, ach so aufgeklärte Gesellschaft ist dabei, wieder einmal ein Stück Kultur kaputtzumachen, etwas, das über Jahrhunderte gewachsen und über die Zeiten Teil des gesellschaftlichen Lebens geworden ist. Aber ich denke, es wird nur ein Versuch sein. Warum ich so (verhalten) optimistisch bin? Über diese Jahrhunderte ist mehr als einmal versucht worden, Raucher zu diskriminieren und ihnen, zum Teil durch drastische Strafen und Verbote, das Leben schwerzumachen. Doch stets hat der Tabak überlebt …

Es gibt keine »Ismen« mehr

Es gibt keine »Ismen« mehr, jedenfalls nicht mehr in den westlich geprägten Ländern – und jedenfalls nicht mehr in ihrer reinen, ihrer ursprünglichen Form.

Der Faschismus ist, Gott sei Dank, mit dem Untergang des Dritten Reiches, das einmal als das »Tausendjährige« proklamiert worden war, praktisch nicht mehr existent, selbst wenn hier und da regional und lokal eingegrenzte faschistoide Strömungen zu beobachten sind; hat der Marxismus seit Karl Marx lediglich als Ideologie Einfluss auf gesellschaftliche Strömungen genommen, etwa beim Entstehen der Sowjetunion, wird dem Kommunismus in seiner reinen Form heute nur noch im Nordkorea des Kim Jong-il gehuldigt, während China mit seiner wirtschaftlichen Ausrichtung einen eigenen Weg des Kommunismus geht, es sich ähnlich mit Kuba verhält, wird doch auf der Karibikinsel seit einigen Jahren privaten Initiativen nicht nur der notwendige Raum gelassen, sondern sie erfahren auch, vor

Genussmenschen unter sich: Mit George Hamilton, der Ende der neunziger Jahre eine eigene Cigarrenmarke kreiert hat, und der honduranisch-französischen Cigarrenherstellerin Maya Selva (rechts außen) während einer Veranstaltung in Wien

allem im Agrarbereich, staatliche Unterstützung; bleiben noch Konservatismus und Liberalismus, jene zwei großen Ideologien, die zusammen mit dem Sozialismus das gesellschaftspolitische Denken im Europa des 19. Jahrhunderts geprägt haben, wobei sowohl konservatives als auch liberales Denken in den Programmen zahlreicher Parteien der westlichen Welt mit unterschiedlicher Präsenz wiederzufinden sind.

All diese Weltanschauungen und Ideologien sind, vor allem in Westeuropa, spätestens im Zuge der Globalisierung auf dem Altar des Idealismus geopfert worden. Das muss nichts Schlechtes sein, denn der Mensch ist nun einmal ein individuelles Wesen mit all seinen Stärken und Schwächen. Das macht, wenn man so will, jeden Einzelnen liebenswert, weil menschlich.

Wenn Gutmenschen am Werke sind ...

Andererseits: Nicht wenige brauchen eine Orientierung, und mitunter wird daraus eine Ersatzreligion, gewissermaßen eine persönlich ausgerichtete Ideologie. Das mündet manchmal in Fanatismus. Militante Nichtraucher gehören meiner Ansicht nach zu dieser Art Spezies. Da passt es ins Bild, wenn Nichtraucherinitiativen unterschiedlichster Couleur landesweite Rauchverbote ohne jede Ausnahmeregelungen in allen öffentlich zugänglichen Einrichtungen fordern, auch und vor allem in der Gastronomie – zum Schutz der nicht rauchenden Gäste, vor allem jedoch der Serviceangestellten vor dem Passivrauchen. Nur: Viele Angestellte in der Gastronomie sind Raucher, und viele, die es nicht sind, stören sich nicht am Rauch. Da schwingen sich also etliche »Gutmenschen« in aggressiv agierenden Organisationen auf, um eine bestimmte Berufsgruppe vor »Unheil« zu bewahren, ohne diese Gruppe zu fragen, ob sie das auch in Gänze möchte.

Das alles geschieht unter dem Deckmantel des Schutzes vor dem Passivrauchen, obwohl alle »Studien«, die mit Zahlen von toten Passivrauchern mehr jonglieren als operieren, auf sehr tönernen Füßen stehen, weil die hier aufgezeigten Zusammenhänge nicht überprüfbar sind, somit also wissenschaftlichen Kriterien nicht genügen. Dieser Deckmantel ist demnach sehr durchsichtig, denn der aufmerksame Beobachter erkennt dahinter eine Ersatzideologie, die da lautet: Tabak hat in unserer Gesellschaft nichts zu suchen.

Ideologien sind immer gefährlich, denn sie kennen nur Schwarz und Weiß, tragen in sich einen fatalen Absolutheitsanspruch. Schlimm in diesem Fall: Der Staat spielt mit, verwehrt dem Raucher – und hier meine ich den Genussraucher – jede

Möglichkeit, in seinem direkten Umfeld verantwortungsbewusst aufzutreten, nimmt somit dem Einzelnen jede Eigenverantwortung ab, indem er den rauchenden Konsumenten bevormundet – und nicht nur ihn, sondern auch jeden Wirt, jeden Clubbesitzer, jeden Lounge-Betreiber, obwohl doch ein Gastronom letztendlich selbst entscheiden sollte, wie er seinen Betrieb ausrichten möchte. Schließlich bestimmt immer noch der Markt, bestimmen Angebot und Nachfrage, ob ein Betrieb wirtschaftlich erfolgreich ist oder nicht.

Viele Gastronomen sehen denn auch ihre Wirtschaftlichkeit durch bestehende beziehungsweise anstehende Restriktionen gefährdet. Wie sich in jenen Bundesländern zeigt, in die Rauchverbote, als »Nichtraucherschutz« etikettiert, Einzug gehalten haben, werden zum einen Raucher immer seltener in Gaststätten gesehen oder konsumieren dort weniger, strömen andererseits Nichtraucher trotz Rauchverboten nicht in Scharen in die nun rauchfreien Lokale, was wiederum die Wirte einen spürbaren Teil ihrer bisherigen Umsätze kostet und viele Angestellte im Endeffekt ihre Stelle. Der Staat gefährdet somit durch seine Einmischung die Gewerbefreiheit.

Ein »Kommunikationsschmiermittel« der besonderen Art

Der große französische Schriftsteller Victor Hugo hat einmal gesagt: »Tabak ist die Pflanze, die Gedanken in Träume umwandelt.« Zu seiner Zeit gab es noch nicht die Cigarette, sondern nur Pfeife und Cigarre. In der Tat: Wer in einer Runde von Gleichgesinnten seine Pfeife oder Cigarre raucht, der kommt mitunter ins Träumen, auch ins Philosophieren, auf jeden Fall ins Gespräch.

Bleiben wir bei der Cigarre. Zunächst einmal: Eine gute Cigarre richtig zu rauchen erfordert Sensibilität, denn sie braucht Aufmerksamkeit, zwingt den Raucher, sich mit ihr auseinanderzusetzen, nötigt ihm Respekt ab. Lässt er sich solchermaßen auf sie ein, ist der Genuss vollkommen. Längst ist die Cigarre Teil der Genusskultur. Dann: Die Cigarre ist ein »Kommunikationsschmiermittel« der besonderen Art. Fordert sie den Einzelnen, sich mit ihr zu beschäftigen, so fördert sie bei mehreren das Gespräch, den Gedankenaustausch, ist somit, wie es einmal der englische Schriftsteller William Makepiece Thackerey ausdrückte, »ein Bindeglied der Freundschaft«. Die Cigarre ist also nicht nur Kultobjekt, sondern ist viel mehr: Sie ist Kultur. Gleiches gilt für die Pfeife, auch wenn sie weit weniger im öffentlichen Bewusstsein vorhanden ist als die Cigarre.

Diese Kultur des Genießens möchte ich auch in Zukunft ohne jede Bevormundung und Einschränkung meinen Kunden ermöglichen, für die ich mit den Clubgarnituren im ›Château Henri‹ wie auch mit der Lounge in der Hahnenstraße Gelegenheiten geschaffen habe, alleine oder in der Runde Gleichgesinnter ihren ganz individuellen Rauchgenuss zu erleben.

Zum Schluss möchte ich den Psychoanalytiker und Psychiater Friedrich Hacker, der nach seiner Flucht vor den Nazis unter anderem jahrelang an US-amerikanischen Universitäten lehrte, zu Wort kommen lassen. Der gebürtige Österreicher, der 1968 in Wien die ›Sigmund-Freud-Gesellschaft‹ gründete, ist vor allem als Aggressionsforscher international bekannt geworden. Friedrich Hacker hat einmal Folgendes geschrieben, etwas, das sehr nachdenklich macht: »Manche Antiraucherkampagnen sind bezeichnend und stellvertretend für eine Kreuzzugsmentalität, die einen urbösen Feind braucht, um ihn dann rücksichtslos zu bekämpfen und vernichten zu können. Das in der Rauchergewohnheit verkörperte Böse steht da symbolhaft für zahlreiche andere vermeidbare Sünden. Die Schreckensherrschaft der Tugendhaften zu Erziehungszwecken ist und bleibt Schreckensherrschaft.«

KAPITEL 11

Das Klagen der Lemminge

»Es ist weniger schwierig, Probleme zu lösen, als mit ihnen zu leben.«

PIERRE TEILHARD DE CHARDIN,
französischer Anthropologe und Philosoph

Nach der Verleihung des ›Deutschen Handelspreises‹ und meinem einen Tag darauf gehaltenen Vortrag, der beim ›Hauptverband des Deutschen Einzelhandels‹, aber auch in der Presse viel Beachtung fand, kamen immer mal wieder Anfragen, ob ich denn bereit wäre, zu bestimmten Themen Stellung zu nehmen und vielleicht das eine und andere Referat bei Foren, Tagungen und Veranstaltungen zu halten.

Da ich nicht vorhatte, mich allzu sehr von meinem Geschäft und meinen Kunden zu entfernen, hielt ich mich hier sehr zurück und nahm nur gelegentlich eine Einladung wahr, zumal es mir nie leichtfällt, hierfür Redetexte zu erstellen – schließlich will ich, wenn ich denn schon vor ein paar hundert Leuten meine Ansichten zum Besten gebe, etwas vortragen, das in gewisser Hinsicht aus dem Rahmen fällt.

So verhielt es sich beispielsweise mit einem Vortrag, den ich im Jahre 2002, also ein gutes halbes Jahrzehnt nach Verleihung des ›Deutschen Handelspreises‹, auf Einladung einer Veranstaltungsagentur für Handelskongresse vor rund fünfhundert Zuhörern – der überwiegende Teil von ihnen kam aus dem Bankgewerbe – im ›Kongresszentrum Karlsruhe‹ hielt.

In diesem Jahr ging es mit der Wirtschaft spürbar abwärts, was natürlich auch alles andere als förderlich für den Einzelhandel war. Wenn ich ein Patentrezept hätte, wie eine Krise vermieden werden kann, würde ich es mir tatsächlich überlegen, in meinem Geschäft etwas kürzer zu treten, um meine Weisheiten in die Welt zu posaunen und damit eine Menge Geld zu verdienen. Aber weil ich – wie übrigens jeder Wirtschaftsweise auch – nicht über ein solches Patentrezept verfüge, bleibe ich bei meinem Leisten. Auf meinen Vortrag übertragen hieß das: Ich wollte erläutern, wie es trotz Krise möglich ist, erfolgreich zu sein, und wie jedes Unternehmen zu jeder Zeit – wodurch automatisch das Vorfeld einer Wirtschaftsflaute mit abgedeckt beziehungsweise einbezogen ist – zu handeln hat, um spätere größere Einbrüche zu vermeiden.

Betitelt hatte ich den Vortrag mit »Das Klagen der Lemminge«. Vor Beginn meiner Rede kam mir auf einmal in den Sinn, die Anwesenden zu fragen, ob sie überhaupt wüssten, um welch possierliche Lebewesen es sich denn bei den Lemmingen handeln würde. Ganze drei Banker meldeten sich zu Wort. Das konnte ja heiter werden ...

Verehrte Damen und Herren, eine Unkultur der Klage hat sich in dieser Republik breitgemacht, eine Unkultur der gegenseitigen Schuldzuweisung. Wirtschaft gegen Politik, Handel gegen Konsumenten, Konsumenten gegen Handel und zuletzt jeder gegen jeden. Der Mittelstand beklagt die fehlende politische Unterstützung, ebenso wie der Einzelhandel die Konsumentenzurückhaltung. Sicherlich hat es die Politik bei der Umstellung auf den Euro an gesetzgeberischer Voraussicht fehlen lassen.

Das Rad ist schon erfunden

Aber wie lange wollen wir uns noch damit aufhalten, dass manche Branchen das Prinzip »Holzhammer« für ihre Preisgestaltung entdeckten? Während die einen kräftig überziehen, haben andere damit begonnen, sich gegenseitig mit Kampfpreisen zu killen. Und so fahren alle gemeinsam in trauter Einigkeit die Interessen des Einzelhandels, der mittelständischen Wirtschaft und der Verbraucher gegen die Wand.

Das alte Wissen, mittels guter Produkte, langjähriger Erfahrung, allseits akzeptierter Kompetenz, also hohem persönlichen Engagement, das allenthalben grinsende Aus vermeiden zu können, hat sich längst zuungunsten eines weit und breit grassierenden Flachsinns verflüchtigt: Geiz ist nun mal nicht geil! Sondern ausnehmend dumm, weil die damit verbundene Mentalität auf Dauer nicht nur Produzenten und Händler schadet, sondern auch Konsumenten.

Wir haben erlebt, wie der Käufer zum Marktteilnehmer umdefiniert wurde, und wir meinten, darin einen gewissen Vorteil zu sehen, denn das vorgestellte Bild sah wunderbar neutral und annehmbar aus. In der Folge mutierte also der Käufer zum Konsumenten, und es fand eine schleichende Umdefinition unserer Gesellschaften statt – hin zur fortschreitenden Entsolidarisierung der gerade noch Besitzenden gegenüber den gerade nicht mehr Besitzenden. Nur dass den einen niemals erklärt worden ist, wie schnell sie zu den anderen gehören könnten.

Im Verlauf des letzten Jahrzehnts haben nur wenige von uns die unterschiedlichen Stufen dieses Prozesses abwartend beobachten können – allzu viele kämpften verzweifelt um ihre Existenz und die ihrer Mitarbeiter. Der Ruf nach immer neuen Konzepten ist hier kaum zielführend. Welches Vehikel soll denn die permanente Neuerfindung des Rads voranbringen? Vielleicht sollten wir es – zur Abwechslung – mal wieder mit Glaubwürdigkeit versuchen.

Sicherlich lassen sich die Umsätze der Automobilbranche kurzfristig ankurbeln, so man dem Kunden ein Jahr lang den Kraftstoff bezahlt oder das Fahrzeug, das er sich ansonsten kaum leisten könnte, zu null Prozent finanziert. Freilich lassen sich auch die meisten anderen Massengüter zu kaum mehr rechenbaren Gewinnspannen verkaufen. Nur: Wie lange noch? Die Idee eines fünfzigprozentigen Rabatts ist für den Verbraucher mittlerweile ungefähr so spannend wie eine Nacht im Elbtunnel. Seit längerem warte ich auf den Ersten, der nicht nur einen hundertfünfzigprozentigen Rabatt auf seine Produkte einräumt, sondern diesen niederschmetternden Genie-

streich auch noch mit der Behauptung einmaliger Umsätze zu untermauern sucht.

Schon wieder Neuschnee?

Sicherlich kann der Handel diesen mörderischen Wettlauf weiterhin durch eine Preisgestaltung unterstützen, die wir, übertragen aus dem Englischen, auch eine Strategie nennen können, die den Nachbarn zum Bettler macht (»beggar-your-neighbour-strategy«). Nur: Wann bleiben in diesem Nullsummenspiel die Letzten übrig? Und: Zu welchem Preis?

Deflation nennen die Ökonomen das Gespenst anhaltend fallender Preise bei gleichzeitig sinkender Nachfrage. Nicht erst in diesen Zeiten beklagt auch mancher »Große« im Einzelhandel den Rückgang der Umsätze, ganz zu schweigen von den Erträgen. Lange Zeit galt: Lerne klagen, ohne zu leiden – nur steht die Welle von Insolvenzen dramatisch gegen diesen Ansatz. Trotzdem stellt sich die Frage, ob bei dem, was aktuell als Krisenstimmung verbreitet wird, nicht viel Geschrei und medienwirksamer Theaterdonner dabei ist. Ein ganz entscheidender Teil der Profiteure dieses Lärms sitzt wohlversorgt im politischen Raum und schiebt sich lauthals gegenseitig die Schuld zu.

Manchmal erinnert mich diese allgegenwärtige Krisendebatte an den alljährlich wiederkehrenden Neuschnee: Ein großer Teil der Autofahrer verhält sich, als hätte er so etwas noch nie erlebt – und so geschehen unverhältnismäßig viele Unfälle. Es wird gerne vergessen, dass zyklische Berg-und-Tal-Fahrten nun mal zu unserem Wirtschaftssystem zwingend dazugehören. Die aktuelle Krise ist auch eine Krise der Überproduktion: In Zeiten der wirtschaftlichen Blüte wird alles Mögliche produziert, das während des darauf folgenden Einbruchs keine Abnehmer mehr findet. Viele leugneten in

den fetten Jahren des Booms schlicht und einfach die Realität, die darin besteht, dass ein Goldregen irgendwann zu Ende ist – und so dehnten etliche ihre Kapazitäten bis zum Äußersten und müssen sie nun notgedrungen zurückfahren.

Nach dem Platzen der New-Economy-Blase setzte weltweit der Abschwung ein. Vom hoffnungsvollen Aufbruch in den »E-Commerce« ist nicht viel mehr als die Erinnerung übriggeblieben. Und wie nach jeder geplatzten Blase schlägt die Hysterie der astronomischen Profite in die Depression satter Einbußen um. Schuldige werden gesucht! Der Spaßgesellschaft ist das Lachen vergangen, und die Wirtschaftsweisen verbrennen ihre Prognosen schneller, als die Politiker sie lesen können. Ein öffentlicher Wettlauf der Pessimisten hat eingesetzt, den anscheinend nur der gewinnen kann, der die schwärzeste Voraussage auf Lager hat.

Und jetzt erst entfaltet die Krise ihre endgültige Dynamik: Sie setzt sich in den Köpfen der Menschen fest. Schleichend entsteht eine Vertrauenskrise in die grundsätzliche Funktionstüchtigkeit des Systems. Niemand nimmt mehr wahr, dass dieses Land immer noch eine der höchsten Sparquoten aller Industrienationen hat – deutlich höher, als sie beispielsweise in den Vereinigten Staaten und in Großbritannien liegt. Auch dass wir trotz hoher Arbeitslosigkeit, Konsumentenzurückhaltung und Insolvenzwellen immer noch auf recht hohem Niveau klagen, dringt nicht mehr ins öffentliche Bewusstsein.

Anbei sei zur drückenden Insolvenzwelle nur kurz bemerkt: Die gleichen Banken, die noch vor gut drei Jahren jedem trendigen IT-Gründer ohne schlüssiges Geschäftskonzept das Geld kofferweise hinterhertrugen, sind mittlerweile bereit, manchen alteingesessenen Mittelständler oder Handwerksbetrieb, der mit Zwischenfinanzierungsproblemen zu kämpfen hat, in den Konkurs zu treiben. Haben Sie in den letzten Monaten einmal ein schneeweißes Kanin-

chen gesehen? Nein? Das wundert mich nicht. Sie sind so selten geworden wie Existenzgründer. Es herrscht also Krise.

Der Existenznachweis von Verbandsfunktionären …

Krise ist, frei nach dem italienischen Philosophen Antonio Gramsci, wenn das Alte geht und das Neue noch nicht werden will. Aber verabschiedet sich das Alte tatsächlich – und wie und was wollen wir dann als das Neue an seine Stelle setzen? Solange wir – ich wiederhole mich – zwanghaft versuchen, das Rad, das bereits erfunden ist, neu zu erfinden, um die Konsumenten mit immer neuen Attraktionen in unsere Geschäfte zu locken, verzetteln wir uns hoffnungslos. Die sensationellen Preisnachlässe im Rahmen des hundertjährigen Bestehens eines Unternehmens interessieren jedenfalls nur kurzfristig. Die Halbwertzeit dieser lauten Sensationen wird mit der Anzahl ihrer Wiederholungen zusehends kürzer.
Was also tun? Wie den Einzelhandel aus der Krise manövrieren? Patentlösungen aus dem politischen Raum sind nicht zu erwarten. Also besinne sich ein jeder auf seine Kernkompetenzen. Werden wir uns unserer Verantwortung bewusst und konzentrieren uns auf das Wesentliche.
Was würde es meinen Mitarbeitern und mir heute nutzen, dass ich mein Unternehmen vor fast dreißig Jahren gegründet und zum Erfolg geführt habe, wenn ich mich nicht immer noch tagein, tagaus für die Belange meiner Kunden einsetzen würde? Warum ich diesen Einsatz zeige: Die Belange meiner Kunden sind meine Belange.
Niemand ist gezwungen worden, Einzelhändler zu werden. Sobald ich aber erkennbar die Freude am Verkaufen verloren habe, beschreite ich in sehr schneller Zeit einen sehr kurzen Weg, der dahin führt, dass ich meine Kunden verliere. Und das gilt sowohl für mich selbst als auch für jeden Mitarbeiter meines Unternehmens.

Es ist sicherlich ein unvermeidlicher Existenznachweis nahezu aller Verbandsfunktionäre, regelmäßig medienwirksam die Schaffung, die Sicherung oder die Erhaltung staatlicher Rahmenbedingungen durch die Politik einzufordern. Diese Rahmenbedingungen können nun fördern oder auch behindern. Eines tun sie jedenfalls nicht: Sie entlassen uns nicht aus der Verantwortung. Welche Verantwortung? Zunächst einmal für unsere Kreativität und unser tägliches Engagement, dann – und das ist selbstverständlich – für die Qualität unserer Produkte und den menschlichen Umgang mit unseren Kunden.

… und die Pflicht eines jeden Entscheiders

Kreativität. Obwohl ich in meinen Geschäften stets eine Auswahl an Waren zur Verfügung habe, welche die optimale Versorgung meiner Kunden immer gewährleistet, bin ich trotzdem andauernd auf der Suche nach neuen Entwicklungen und Ideen. So entwickelte ich vor mehr als zehn Jahren die Cigarettenmarke ›Peter Heinrichs‹ für alle Kunden, die gerne schon einmal zur Cigarette greifen, jedoch auf den Genuss von Pfeifentabak nicht verzichten möchten. Es ist, wohlgemerkt, eine Cigarette, die Pfeifentabak enthält – bisher einmalig in Deutschland.

Sie wird bundesweit in zahlreichen Geschäften verkauft, ist auch in der Schweiz erhältlich, sogar weltweit, da ich sie natürlich auch über meinen global agierenden Tabakwarenversandhandel vertreibe. Der Jahresumsatz der ›Peter Heinrichs‹-Cigarette liegt momentan bei etwa sechzig Millionen Stück, Tendenz stark steigend. Ebenso erhalte ich große Resonanz, wenn ich mehrmals im Jahr namhafte Pfeifen- oder Cigarrenmacher einlade, die ihre Produkte dann in meinen Geschäften vor Publikum fertigen. Wobei sich jeder seine individuelle Pfeife herstellen oder eine seinen Geschmacksvorlieben entgegenkommende Cigarre rollen lassen kann. Zudem publiziere ich seit 1990 dreimal jährlich eine Zeitschrift, das ›Smoker Journal‹, das Informationen aus der Welt des Tabaks für den Kunden bereithält, außerdem neue Pfeifenmodelle sowie Raritäten vorstellt.

Tägliches Engagement: Seit bald dreißig Jahren öffne ich mein Kölner Geschäft täglich um sechs Uhr morgens und schließe es, seitdem es gesetzlich möglich ist, erst um zwanzig Uhr [mittlerweile um zweiundzwanzig Uhr]. Viele Kunden, Freunde und Kollegen haben mich seither gefragt, ob sich dieser Aufwand tatsächlich lohne oder ob ich lediglich blinden Aktionismus betriebe. Sie können mir glauben: Es rechnet sich. Ansonsten würde ich mir diesen hohen Aufwand nicht leisten.

Jedoch geht es mir hier weniger um mich als um einen größeren Zusammenhang. Mir geht es um das Ladenschlussgesetz. Wir dürften uns alle einig darin sein, dass die Umsätze von Schrankwänden, Kühlschränken und Autos nach zwanzig Uhr wohl eher als geringfügig anzusehen sind. Gehen wir jedoch von einer gesetzlich verordneten Wochenarbeitszeit eines jeden Angestellten von maximal achtunddreißigeinhalb Stunden aus, ergibt sich ein einfaches Rechenexempel – mit dem Ergebnis, dass man zwischen sechs Uhr morgens und zwanzig Uhr abends, inklusive eines auf neunzehn Uhr erweiterten Samstags, ohne Weiteres in zwei Schichten öffnen könnte. Das Potenzial neuer Arbeitsplätze dürfte hier nicht unerheblich sein.

Jetzt einige Worte zu der Philosophie der Firma ›Peter Heinrichs‹. Zu unseren Produkten und unseren Kunden: Was verkaufen wir? Die Antwort: Produkte, die wir lieben und deren höchste Qualität uns wichtig ist. Wie verkaufen wir? Die Antwort: Indem wir uns tagtäglich an unserem eigenen hohen Anspruch messen lassen. Wer sind unsere Kunden? Die Antwort: Individuen, die persönliche An-

sprache, kompetente Beratung, perfekten Service und keine Massenabfertigung erwarten.

Schließlich: Ich betrachte meine Kunden als meine Freunde, und für meine Freunde ist das Beste gerade gut genug. Also verkaufe ich ihnen die besten Produkte, biete ihnen den besten Service und versuche, sie tagtäglich perfekt zu beraten und zu bedienen.

Wer diese Philosophie im Einzelhandel für etwas überzogen hält, hätte vielleicht doch nicht Verkäufer werden sollen. Ich folge dieser Philosophie seit nunmehr neununddreißig Jahren erfolgreich.

Diese einfachen Prinzipien zu erkennen und ihnen zu folgen sichert die Existenz meines Unternehmens, den Bestand der Arbeitsplätze meiner Mitarbeiter, die sich auf meine unternehmerische Sorgfalt verlassen, und letztlich das gute Leben aller Menschen, die vom Erfolg der Firma ›Peter Heinrichs‹ abhängig sind.

Meine verehrten Damen und Herren, ich bedanke mich für Ihre Aufmerksamkeit.

*

Dass meine Rede einen gewissen Eindruck hinterlassen hatte, war nicht nur am regen Applaus festzumachen, sondern auch an der Überreichung des überdimensionalen Kunstdrucks eines Werkes von Salvador Dalí. Leider handelte es sich nicht um ein Original. Wenn das der Fall gewesen wäre, hätte ich sogar auf mein Honorar verzichtet.

Obwohl inzwischen seit diesem Vortrag ein knappes Jahrzehnt ins Land gegangen ist, bin ich im Nachhinein überrascht, dass heute viele Passagen der Rede noch beziehungsweise schon wieder aktuell sind. Es scheint wohl nur wenig so konstant zu sein wie das stetige Auf und Ab der Wirtschaft sowie die immer gleichen Fehler, die viele Entscheider bei dieser Berg-und-Tal-Fahrt begehen …

TEIL III

Begegnungen

KAPITEL 12

Von einer Leidenschaft, von Ängsten und ganz besonderen Tandems

»Alles, was uns begegnet, lässt Spuren zurück. Alles trägt unmerklich zu unserer Bildung bei.«

JOHANN WOLFGANG VON GOETHE,
deutscher Dichterfürst

In diesem Kapitel werde ich von einigen persönlichen Erlebnissen berichten – von Begebenheiten, wie sie unterschiedlicher nicht sein könnten: Ist die eine Episode zum Schmunzeln, erzählt die andere von Ängsten, die zu einem Zustand führen, der nahe der Ohnmacht ist und in dem das einzig mögliche Handeln lediglich noch darin besteht, sein Schicksal in andere Hände zu legen, während die dritte mit tragikomischen Zügen aufwartet …

Enzo sei Dank

Fernsehen ist nicht so mein Ding. Aber natürlich gibt und gab es Ausnahmen. Eine davon war die Serie *Magnum* mit Tom Selleck. Mir hatte es weder der Protagonist Thomas Magnum angetan noch sein Hawaiihemd, auch nicht seine dicke Armbanduhr, nein, begeistert war ich von einem außergewöhnlichen Sportwagen mit einem durchdringenden Sound, der in dieser Serie eine ebenfalls große Rolle spielte: einem ›Ferrari 308 GTS‹. Weil ich davon überzeugt bin, dass, falls im Himmel das Autofahren erlaubt ist, der liebe Gott ›Ferrari‹ fährt, und weil ich immer schon ein Faible für schnelle PS-Boliden hatte, musste ich solch ein Gefährt haben. Einziges Problem dabei war mein Kontostand.

Der ließ aber immerhin eine respektable Anzahlung zu. Also machte ich mich auf den Weg ins feindliche Ausland, nach Düsseldorf, suchte mir bei ›Auto Becker‹ das Nachfolgemodell des ›308 GTS‹ aus, einen ›Ferrari 328 GTS‹ in Graumetallic für 116 000 Mark, um dann eine Anzahlung von 55 000 Mark zu leisten. Schon nach rund sechs Monaten, im Frühjahr 1987, konnte ich die zweite Rate entrichten und mich erstmals auf den braunen Ledersitz meines Traumautos setzen – um, weil ich nicht als Angeber gelten wollte, fortan nur dann mit ihm zu fahren, wenn mich so gut wie niemand sehen konnte, das heißt vornehmlich nachts. Einzige Ausnahmen waren die sonntäglichen Fahrten zur Kirche.

Im Unterhalt war der ›Ferrari‹ nicht gerade preisgünstig, und so kam ich recht bald auf die Idee, ihn als Firmenwagen anzumelden. Weil aufgrund meiner künstlichen Hüfte mein Behindertenausweis belegt, dass ich zu fünfzig Prozent gehandicapt durchs Leben schreite, schickte ich Traudchen zum Finanzamt, um über den ›Ferrari‹ einen zusätzlichen steuerlichen Vorteil zu erhalten. Die erschöpfende Antwort des Beamten: »Gute Frau, selbstverständlich kann Ihr Mann den ›Ferrari‹ als Firmenwagen benutzen, aber mehr ist nicht drin. Es mag ja sein, dass Ihr Mann zu fünfzig Prozent behindert ist, aber es wird wohl kaum so sein, dass aufgrund dieser Tatsache auch seine Firma behindert ist.« Das war also ein Schuss in den Ofen.

Mitte 1988 konnte ich für eine sinnvolle Investition Geld brauchen, und so dachte ich natürlich daran, mich von dem Luxusgefährt zu trennen. ›Auto Becker‹ war sofort zu einem Rückkauf bereit. Schön und gut. Weniger erfreulich: Dabei hätte ich zwanzig Prozent Verlust gemacht. Obwohl eine Wertminderung in dieser Höhe für ein gebrauchtes Auto – auch für einen ›Ferrari‹ – durchaus akzeptabel ist, war mir das ein Zuviel an Verlust. Lieber warten …

Ich überlegte: Enzo Ferrari ist nicht mehr einer der frischesten. Erst vor wenigen Monaten hatte er seinen neunzigsten Geburtstag gefeiert, und die Bilder von ihm anlässlich seines Ehrentages verhießen für die nahe Zukunft des Commendatore von Maranello nichts Gutes. Wenn Enzo Ferrari bald das Zeitliche segnen würde, so meine Überlegung, würde die Nachfrage nach seltenen Exemplaren aus der italienischen Edelschmiede – und zu denen gehörte der ›328 GTS‹ zweifelsohne – bestimmt steigen. Der Lauf des Lebens meinte es wieder einmal gut mit mir: Schon im August verabschiedete sich der Gründer der ›Scuderia Ferrari‹ von allem Irdischen.

Zu meinem Glück kam auch noch Schwein hinzu: Mein ›328 GTS‹ gehörte nicht nur zu einer Modellreihe, von der eine relativ kleine Stückzahl produziert worden war, sondern war dank seiner Aluminiumkarosserie auch einzigartig, das heißt, solch ein ›Ferrari 328 GTS‹ fuhr kein zweites Mal auf den Straßen dieser Welt. Jetzt gab es kein langes Überlegen: Für satte 150 000 Mark annoncierte ich meinen ›Ferrari‹ in einer Automobilzeitschrift, wobei Kaufwillige per Fax ihr Interesse bekunden konnten. In kurzer Zeit hatte das Faxgerät circa dreißig Antworten ausgespuckt. Das fing ja verheißungsvoll an, und so erhöhte ich den Preis nach und nach: von 180 000 über 200 000, 225 000, 250 000 bis zu unverschämten 275 000 Mark. Danach war eine Steigerung leider nicht mehr möglich, denn bei der letztgenannten Summe war

nur noch ein Kaufinteressent übrig geblieben – und so wechselte alsbald das eindrucksvolle PS-Geschoss den Besitzer.

Ein kleiner Wermutstropfen blieb jedoch zurück: Da der ›Ferrari‹ als Firmenwagen in die Abschreibung gegangen war, musste ich von meinem Gewinn etwa 90 000 Mark an den Fiskus abführen. Das tat zwar weh, aber dennoch hatte ich ein sehr gutes Geschäft gemacht. Unter gewissen Umständen, wozu auch Glück gehört, kann es also bedeutend preisgünstiger sein, mit einem ›Ferrari‹ als mit einem ›Volkswagen‹ unterwegs zu sein. Zudem war ich in den Genuss gekommen, dieses außergewöhnliche Automobil rund eineinhalb Jahre fahren zu dürfen.

Schließlich: Man muss nicht alles haben, was man sieht, doch hin und wieder sollte man sich, wenn es denn möglich ist, einen Wunsch erfüllen. Das Leben kann nämlich verdammt kurz sein …

Drei Monate bis zur Ewigkeit

Februar 1998. Es stand mal wieder eine große Pipeshow im Land der unbegrenzten Möglichkeiten an. Das Ziel in diesem Jahr war Miami. Zusammen mit Traudchen machte ich mich gut eine Woche vor Beginn der Veranstaltung auf den Weg zum Düsseldorfer Flughafen, da wir bis zur Pipeshow mit einem Wohnmobil Florida bereisen wollten. Um unnötiges Gepäck zu vermeiden, hatte ich zuvor achthundert Pfeifen an Marty Pulver geschickt, der die guten Stücke zur Show mitbringen sollte.

Am Morgen des Abflugs fühlte ich mich überhaupt nicht wohl. Am liebsten wäre ich zu Hause geblieben, doch da ein Umbuchen des Flugs nicht möglich war, setzten wir uns schließlich doch in den Flieger. Wir wählten, was damals noch möglich war, natürlich Plätze im Raucherbereich. Nach zwei Stunden fiel mir das Atmen immer schwerer, woraufhin mich die Stewardess aus dem Raucher- in den Nichtraucherbereich führte. Hier wurde es aber nicht besser, sondern mir ging es zunehmend schlechter.

Weil kein Arzt an Bord war, wollte der Pilot schon zwischenlanden. Ich bedeutete ihm, darauf zu verzichten, wohl auch deshalb, weil mir das Ganze recht peinlich war. Zudem war ich mehr als irritiert: Atemprobleme hatte ich bis dato nicht gekannt. Wie dem auch sei: Kurz darauf fand ich mich mit einem Sauerstoffgerät auf dem Boden des Cockpits wieder.

In Miami angekommen, fuhr Traudchen augenblicklich mit mir nach Little Havanna in ein Krankenhaus. Dem interessantesten Stadtteil Miamis konnte ich in dem Moment nichts abgewinnen, obwohl sich mein Zustand von Minute zu Minute leicht besserte. Das nahm ich denn umgehend zum Anlass, um kurz nach Mitternacht das Krankenhaus zu verlassen, wenn auch unter Auflagen.

Nichtsdestotrotz mieteten wir am nächsten Tag ein Wohnmobil, und endlich konnte es mit der Erkundung von Florida losgehen und wir unser erstes Ziel ansteuern. Auf einem Campingplatz angelangt, kamen mit einem Mal die Atemprobleme wieder und waren bald schlimmer als zuvor. Nachdem mich die Feuerwehr ins nächste Krankenhaus gebracht hatte, lag ich dort drei Tage, ohne ein einziges Wort zu sprechen. Mir ging es hundeelend. Aber es gab eine Nachtschwester, die sich wirklich liebevoll um mich kümmerte und es auch schaffte, mir etwas von meiner Angst zu nehmen. Die rührte vor allem daher, dass die Ärzte nach den vorgenommenen Untersuchungen keine konkrete Diagnose stellen konnten – und so habe ich mich schließlich nach einer Woche selbst entlassen. Zwei Tage später ging es zurück nach Deutschland.

Während dieses Krankenhausaufenthalts ist mir etwas widerfahren, das ich bis an mein Lebensende nicht vergessen werde. In einer der Nächte hatte ich einen Wachtraum: Als ich ein intensives Gespräch mit einer Frau beendet habe, stellt sich heraus, dass sie aus Köln stammt, und als sie mir ihren Nachnamen nennt, bin ich mir sicher, dass einer meiner Kunden denselben Namen trägt. Ich sollte mich nicht getäuscht haben. Einige Wochen später erzählte ich ihrem Ehemann von dem Gespräch, worauf der sehr erstaunt reagierte: Seine Frau war schon seit einigen Jahren tot. Als ich ihm dann große Teile des Gesprächs wortwörtlich wiedergab, waren einige Passagen dabei, von denen nur er und seine verstorbene Ehefrau etwas wissen konnten. – Manchmal gibt es Dinge zwischen Himmel und Erde, die rational nicht zu erklären sind. Das ist vermutlich auch gut so. Man sollte sie vielleicht einfach so hinnehmen, wie sie sich darstellen.

In Köln zurück, machte mein Hausarzt augenblicklich einen Termin für mich bei einem Röntgeninstitut in der Schildergasse. Nach der vorgenommenen Computertomografie schaute mich die Ärztin ernst an: »Ihre Lungen sehen katastrophal aus. Sie haben ein geplatztes Lungenkarzinom.« Meine erste Reaktion: »Wie lange habe ich noch zu leben?« Ihre Antwort: »Nicht mehr lange«.

Ich ging von etwa drei Monaten aus. Zu Hause in Niederaußem angekommen, rief ich sofort Maikel Kohlhase an: »Maikel, ich habe die Arschkarte gezogen. Lungenkrebs.« Maikel fing an zu weinen – das erste Mal, seit wir uns kannten. Traudchen dagegen wusste noch nichts – ich hatte mich einfach noch nicht dazu überwinden können, ihr von der Diagnose zu erzählen.

Anderntags bat ich meinen Hausarzt, gegenüber niemandem etwas über meinen Zustand verlautbaren zu lassen, mich außerdem bis zu meinem Tod mit Medikamenten zu unterstützen, damit meine Erkrankung nicht auffalle, schließlich meinen Tod mit »Herzinfarkt« anzugeben, weil sonst ganze Völkerstämme mit dem Rauchen aufhören würden – was nicht gut für den Fortbestand des Geschäfts wäre. Durch diese Vorgehensweise, so meine Überlegung, würde ich bis zu meinem Tod genügend Zeit haben, noch viele Dinge zu regeln. So niedergeschlagen ich auch war, war ich dem lieben Gott dennoch dankbar, es so eingerichtet zu haben, dass man mir Angaben zu meinem möglichen Todeszeitpunkt machen konnte.

Mein Hausarzt ging auf meine Wünsche jedoch nicht näher ein, sondern bestand vielmehr auf einer sofortigen Untersuchung in einer anerkannten Lungenklinik. Also fuhr ich knapp eine Woche nach der niederschmetternden Diagnose nach Köln-Merheim in die dortige Klinik, um eine Bronchoskopie – hierbei wird Gewebe aus der Lunge entnommen – vornehmen zu lassen. Da ich es inzwischen geschafft hatte, Traudchen von der Diagnose zu erzählen, hatte sie sich nicht davon abbringen lassen, mich zu begleiten.

Nach dem Eingriff war ich noch für einige Stunden narkotisiert. Als ich zu mir kam, stand im Wachraum der Oberarzt, ein Libyer, vor mir: »Bist du der, der in Amerika auf die Schnauze gefallen ist?« Ich antwortete mit der in einer solchen Situation wohl üblichen Gegenfrage: »Wie lange habe ich noch zu leben?« Er lächelte ein wenig: »Wenn du dich morgen vor eine Straßenbahn wirfst, dann nur bis morgen ... Im Ernst: Hierzu kann ich dir noch nichts erzählen. Ich glaube aber nicht an Lungenkrebs, tippe vielmehr auf Bakterien in der Lunge. Genaueres kann aber erst gesagt werden, wenn die Laboruntersuchungen abgeschlossen sind ... Zunächst verschreibe ich dir mal ein Antibiotikum ...«

Nach Einnahme des Antibiotikums ging es mir schon nach gut vierundzwanzig Stunden bedeutend besser. Ich merkte, wie so langsam meine Energie zurückkehrte, und da das so war, begann ich sofort damit, Pläne für die nahe Zukunft zu machen: Irgendwie musste es ja weitergehen, musste wieder halbwegs greifbare Normalität in den Alltag einkehren.

Als ich eine Woche später einen Termin bei ›Dunhill‹ in London wahrnehmen musste, informierte Traudchen unseren langjährigen Geschäftspartner Peter Jörgensen, seinerzeit Chef von ›Dunhill‹ in Deutschland, den ich seit geraumer Zeit zu meinen engen Freunden zählte, über meine Krankheit und bat ihn, sich um mich etwas zu kümmern.

Ich selbst fühlte mich nach der Einnahme der Antibiotika recht gut – und nachdem mich Traudchen in London vor meinem Rückflug telefonisch erreicht und mir mitgeteilt hatte, dass ich keinen Lungenkrebs, sondern »nur« Streptokokken in der Lunge habe, ging es mir noch besser: Mit einem Mal war ich wie neugeboren ...

Kurze Zeit darauf sorgte eine Schlagzeile im *Kölner Express* für Aufsehen: »Fehldiagnose! Grab schon ausgesucht« war da zu lesen – und weiter: »Er hatte sich auf dem Friedhof seines Heimatdorfes Büsdorf bereits ein Grab ausgesucht. Seine Beerdigung sollte ein großes Fest werden.« In der Tat war es so gewesen: Ich hatte mit meinem Leben abgeschlossen, war auch unendlich traurig darüber, die Geburt meines vierten Enkelkindes nicht mehr erleben zu können. Sehr oft ist mir in diesen Tagen die folgende Weisheit durch den Kopf gegangen, die ich einmal vor etlichen Jahren gelesen hatte und mir seitdem nicht mehr aus dem Sinn gekommen war: »Das Leben ist eine Krankheit, von der wir uns alle sechzehn Stunden durch den Schlaf erholen. Der Schlaf ist das Linderungsmittel, der Tod das Heilmittel.« Dieses Zitat stammt von Nicolas Chamfort, einem französischen Schriftsteller des 18. Jahrhunderts.

Wenn der Einäugige …

Diese Überschrift ist etwas despektierlich. Jedenfalls dann, wenn man sie in Bezug zu den folgenden Ausführungen setzt. Josef Esser aus Köln-Nippes würde darüber schmunzeln. Ihn habe ich 1991 kennengelernt, und wir sind über vier lange Jahre, bis zur Eröffnung des ›Château Henri‹, regelmäßig mit dem Rad durch die Gegend gefahren – und haben dabei immer viel gelacht und jede Menge Spaß gehabt.

Josef Esser war damals Telefonist beim ›Bundesverwaltungsamt‹ in Köln-Riehl. Und Josef Esser ist blind, hervorgerufen durch eine Netzhautablösung. Deshalb engagierte er sich auch schon frühzeitig bei der 1988 entstandenen Radsportgruppe des ›Blindenvereins Köln‹, aus der sich dann zehn Jahre später die ›Tandemgruppe Weiße Speiche Köln e.V.‹ entwickelte. Dieser eingetragene Verein hat es sich zur Aufgabe gemacht, sehgeschädigten Menschen zu ermöglichen, ein Stück Lebensqualität und Selbstwertgefühl regelrecht zu »erfahren«.

Josef und ich trafen uns Sonntag für Sonntag um neun Uhr morgens in Köln-Longerich, um dann zweieinhalb Stunden mit einem Tandem über die Zoobrücke nach Leverkusen und zurück zu fahren. Bei jedem Wetter. War es im Winter sehr kalt, stopften wir uns Zeitungen in unsere Schuhe, auch wenn wir dann die Zehen nicht bewegen konnten. Hauptsache, es war leidlich auszuhalten.

Bei den Fahrradtandems sitzt vorne der Sehende, hinten der Blinde. Waren wir in der Innenstadt unterwegs, haben wir uns natürlich hin und wieder über eine Verkehrsregel hinweggesetzt. Da taten wir es den »normalen« Radfahrern gleich. Wenn dann ein Passant meinte: »Seid ihr blind?«, kam prompt Josefs Standardantwort: »Nur ich«.

Davidoff
DEPOT
Peter H

Als sich ab 1992 immer mehr Menschen bei der Radsportgruppe engagierten, stieß der Verein sehr schnell an die Grenzen seiner Kapazität: Die Zahl an Tandemrädern reichte nicht aus. Eine wieder einmal von Cousin Ernst eingereichte Klage, in der es abermals um die Nutzung des Logos ging, kam Josef da gerade recht (und somit dem Verein). Obwohl Vetter Ernst wenig Aussicht auf Erfolg hatte, meinte Josef, ich solle, um einem langwierigen Streit aus dem Wege zu gehen, mich schuldig und bereit erklären, fünftausend Mark an eine soziale Einrichtung zu zahlen. Allerdings nur an eine, die ich selbst benenne. Darauf würde ein Richter bestimmt eingehen, weil jeder Talarträger bestrebt sei, rechtliche Auseinandersetzungen so schnell wie möglich zu Ende zu bringen. So geschah es auch. Mein Rechtsanwalt konnte zwar nicht begreifen, warum ich so etwas mache, aber ich beharrte auf meinem beziehungsweise unserem Standpunkt und bezahlte die fünftausend Mark. Und Josef beziehungsweise der Verein konnte auf einen Schlag fünf neue Tandems anschaffen, hatte von dem »Bußgeld« auch noch genug übrig, um meine kompletten Anwalts- und Gerichtskosten zu begleichen. Mittlerweile stehen der ›Tandemgruppe Weiße Speiche Köln e.V.‹ übrigens rund zwanzig Tandems zur Verfügung.

Blindsein empfinde ich als ein schlimmes Schicksal. Als ich Josef einmal darauf ansprach, meinte er selbstbewusst: »Blinde sind oft sehr intelligent, sind vor allem stets besonnen. Auf keinen Fall sind wir blöd. Außerdem sehen wir nicht alles Elend dieser Welt ...« Wie wahr!

KAPITEL 13

Von schwedischen Gardinen, schlüpfrigen Klängen und weiteren Geschehnissen

»Bereit sein ist viel, warten können ist mehr,
doch erst den rechten Augenblick nutzen ist alles.«

ARTHUR SCHNITZLER,
österreichischer Erzähler und Dramatiker

Auf den folgenden Seiten werde ich ebenfalls einigen Episoden den ihnen gebührenden Raum geben. Handelte es sich im vorherigen Kapitel um sehr persönliche Erlebnisse, so stehen jetzt Begebenheiten im Vordergrund, die eher auf der geschäftlichen Ebene angesiedelt sind, auch wenn sich bei mir die privaten und beruflichen Linien sehr oft kreuzen oder einander bedingen, nicht selten ineinandergreifen oder mitunter gar verschmelzen …

Allein unter Frauen

Es ist der 2. Juli 1931. Im Kölner Gefängnis ›Klingelpütz‹ sirrt das Fallbeil herunter, und einen Augenblick später ist der Kopf vom Rumpf getrennt. Die Akte zu einer Serie von Sexualmorden, welche die Stadt Düsseldorf nahezu das gesamte Jahr 1929 in Atem gehalten hat, kann an diesem Donnerstag endgültig geschlossen werden.

Gut zwei Monate vor diesem Julitag ist der Delinquent von einem Schwurgericht für seine neun Morde – es sollen, sind nicht wenige Kriminalhistoriker überzeugt, bedeutend mehr gewesen sein – neun Mal zum Tode verurteilt worden, außerdem zu fünfzehn Jahren Gefängnis für sieben Mordversuche. Die fünfzehn Jahre muss er nicht mehr absitzen, und weitere acht Hinrichtungen bleiben ihm ebenfalls erspart. Das einmalige Sausen des Fallbeils reicht aus, um Peter Kürten, landläufig auch »Vampir von Düsseldorf« genannt, vom Leben in den Tod zu überführen.

Ob Düsseldorfer Vollzugsbeamte kein Blut sehen konnten oder ob Kürten auf eigenen Wunsch in seiner Heimatstadt den Gang zum Fallbeil antrat, soll hier nicht erörtert werden. Doch bleibt klarzustellen: Der Massenmörder stammte zwar aus Köln-

Mülheim, aber als er dort 1883 geboren wurde, war Mülheim am Rhein noch eine eigenständige Stadt, die erst 1914 eingemeindet wurde. In Köln leben nämlich überwiegend nette Leute.

Einer davon bin ich. Und ich bin einer, für den der ›Klingelpütz‹ ab Mitte der Sechziger für einige Jahre Heimat war. Allerdings die zweite – die erste wäre nicht gut gewesen. Aber ich bin in der Justizvollzugsanstalt ein- und ausgegangen. Tag für Tag fuhr ich nach Köln-Ossendorf, um im 1969 neu fertiggestellten ›Klingelpütz‹ – der alte, am Gereonswall gelegene, war im selben Jahr abgerissen worden – die dort von uns aufgestellten Cigarettenautomaten zu bestücken.

Für den Besuch der ›JVA Köln‹, so der offizielle Name, musste ich immer einiges an Zeit einkalkulieren. Kam ich mit meinem ›VW-Bus‹ an, wurde der Wagen zunächst in der Sicherheitsschleuse einer eingehenden Überprüfung unterzogen. Diese Prozedur war nie innerhalb von wenigen Minuten erledigt – und fuhr zudem hinter meinem Fahrzeug ein PKW vom ›BKA‹ mit einer wichtigen Person im Fond vor, etwa einem DDR-Spion, dauerte es noch länger. Wenn dann beispielsweise auch noch Jan-Carl Raspe, einer der führenden Mitglieder der ersten Generation der ›Roten Armee Fraktion‹, seine Gefängniszelle verlassen und sich die Beine vertreten durfte, war weiteres Warten angesagt, denn während seines Hofgangs wurde weder jemand herein- noch herausgelassen.

Seinerzeit war der ›Klingelpütz‹ für einige inhaftierte Mitglieder der ›RAF‹ um einen Hochsicherheitstrakt erweitert worden, und so »genossen« neben Jan-Carl Raspe auch Ulrike Meinhof und Andreas Baader »Kost und Logis« im »Toten Trakt«, wie die ehemalige Starjournalistin Meinhof jenen Teil der ›JVA Köln‹ nannte, in dem sie völlig isoliert von der übrigen Welt einsaß und auf ihren Strafprozess wartete.

Zu dieser Zeit, die mit dem Tod des Studenten Benno Ohnesorg am 2. Juni 1967 – er war in Berlin bei Protestunruhen, ausgelöst durch den Besuch des Schahs von Persien, von einer Polizeikugel tödlich getroffen worden – ihren Anfang genommen hatte, war es mit den beschaulichen Jahren der Bundesrepublik Deutschland vorbei: Zahlreiche Politiker forderten härtere Gesetze, Kontrollen und Straßensperren von Polizei und Grenzschutz waren an der Tagesordnung, während die Justiz auch nicht einem einzigen der Anwälte traute, die als Rechtsbeistand der inhaftierten ›RAF‹-Mitglieder auftraten.

Da immer wieder Kassiber bei den einsitzenden ›RAF‹-Mitgliedern auftauchten, wurde nach Wegen gesucht, das Einschmuggeln solcher Nachrichten zu unterbinden. Ideale Verstecke für Kassiber waren natürlich Cigarettenpackungen – und die konnten in der Gefängniskantine sowohl von Justizvollzugsbeamten als auch von Besuchern an den dort aufgestellten Automaten gezogen werden. Abhilfe tat hier also not.

Ich hatte die Idee – und trat auch augenblicklich als Initiator auf: Ab sofort sollten alle Cigarettenautomaten nicht mehr in der Kantine, sondern nur noch »hinter Gittern« aufgestellt beziehungsweise aufgehängt werden, das heißt in den Bereichen, die nur den Justizvollzugsbeamten zugänglich waren, um so das Einschmuggeln von Kassibern in Cigarettenpackungen zu verhindern. Praktisch von einer Minute auf die andere wurde ich mit der Umsetzung meiner Idee beauftragt – und hatte von da an bei der Anstaltsleitung wie auch bei den Beamten einen dicken Stein im Brett.

So war ich in der Folgezeit einer der wenigen Außenstehenden, die nahezu ungehindert Zugang zu den sicherheitsrelevanten Bereichen des stets durchdringend nach Bohnerwachs und Dampfnudeln riechenden ›Klingelpütz‹ hatten, was sich natürlich auch auf meine Aufenthaltszeiten positiv auswirkte. Man kannte mich. Auch im Frauentakt – und so war ich hier nicht einer der wenigen, sondern der einzige Mann, der sich dort offiziell aufhalten durfte.

Im Rückblick waren die Jahre, in denen ich im ›Klingelpütz‹ ein- und ausging, eine interessante Zeit. Der Cigarettenumsatz war mehr als zufriedenstellend, ich war gut angesehen, und außerdem konnte ich jeden Tag für sehr preiswertes Geld in der Kantine zu Mittag essen, was im Hinblick auf die stets angespannte finanzielle Lage unseres Großhandels recht willkommen war. Nach zehn Jahren ›Klingelpütz‹ hatte ich dann meine Zeit »abgesessen« – und unterschied mich somit von so manchem Justizvollzugsbeamten, der »lebenslänglich« dazu verdammt war, hinter Gittern seinen Dienst zu tun.

Gestöhne und Geklingel

Zu der Zeit, zu der ich im berühmt-berüchtigten ›Klingelpütz‹ Cigaretten an den Mann und die Frau brachte, tat sich eine unternehmerische Einnahmequelle auf, an die ich nie und nimmer gedacht hatte. 1972 lernte ich eine recht attraktive Frau, eine gebürtige Kölnerin, sowie ihren geschiedenen Ehemann kennen. Er war Komponist und besaß einen Musikverlag, während sie gleich mehrere dieser Art betrieb. Als ich ihm einmal kurzfristig aus einem finanziellen Engpass geholfen hatte und er das Geld auf absehbare Zeit nicht zurückzahlen konnte, überschrieb er mir seinen Verlag – und so war ich von heute auf morgen Besitzer eines Musikverlags geworden.

Da ich durch die Übernahme nun Rechteinhaber vieler alter Songs war und außerdem beabsichtigte, es dabei nicht bewenden zu lassen, meldete ich den ›P. H. Musikverlag‹ bei der ›GEMA‹ an (bei der er übrigens noch heute registriert ist). Nun ist die Musikbranche, in der es, was ich nicht für möglich gehalten hätte, mit äußerst harten Bandagen zugeht, nicht gerade mein angestammter Tummelplatz, und so holte ich mir hin und wieder Rat bei meinem Vorgänger. Eines Tages meinte der Komponist, ich solle doch mal nach London fahren und dort mehrere Verlage aufsuchen, die sich auf Filmmusik spezialisiert hätten, da in der englischen Hauptstadt eine Menge guter Adressen für diese Musik zu finden seien.

Und so flog ich 1974 an die Themse, fand auch einen Musikverlag, dessen breites Portefeuille mich überzeugte. Unter anderem suchte er für den in Frankreich überaus erfolgreich angelaufenen Softporno *Emmanuelle* einen Subverlag für den deutschsprachigen Raum. Das ist ein Streifen, sagte ich mir, der für Aufsehen sorgen wird – und deshalb gibt es hier für dich nicht lange etwas zu überlegen. Ich zahlte sechstausend Pfund für die Rechte, lernte nebenbei auch noch die charmante Hauptdarstellerin kennen, die Holländerin Sylvia Kristel – und wartete auf gute Besucherzahlen in den Kinos, die dann bestimmt auch ansprechende Verkäufe in den Schallplattenläden nach sich ziehen würden.

Dem war auch so. Zwar produzierte der ›P. H. Musikverlag‹ auch weitere Schallplatten, so etwa *Rote Rosen, rote Lippen, roter Wein* mit René Caroll, aber *Emmanuelle* wurde mein absoluter Erfolgshit, auch deshalb, weil der Streifen mehrere Male mit Aufführungsverboten bedacht und somit noch interessanter für viele Kinofreaks wurde – und stets dann, wenn eine Schallplatte mit der Musik dieses Softpornos gekauft wurde und im Kino, später dann auch bei einem privaten Fernsehsender Sylvia Kristel stöhnte, klingelte bei mir die Kasse. Im besten Jahr überwies mir die ›GEMA‹ einen freudigen sechsstelligen D-Mark-Betrag …

Alles für die Firma

»... ausgerüstet mit Werbeträger zu Reklamezwecken am Heck in Form einer Zigarettenschachtel«. So umschrieb nüchternes Amtsdeutsch, zu lesen in zwei Kraftfahrzeugscheinen, den recht ungewöhnlichen Auftritt jener Autos, die zu diesen Dokumenten gehörten: Firmenwagen des Privatunternehmens ›Peter Heinrichs‹.

Wie hinlänglich bekannt, habe ich eine Schwäche für nahezu alles, was einen mit vier Rädern und dem dazugehörigen Aufbau von einem Punkt zum anderen bringt. Einmal habe ich meiner Neigung zu einem schnellen PS-Boliden in Form des rasanten ›Ferrari‹ nachgegeben, und dann war diese Lust zufriedengestellt – nach dem Motto: Ich habe dieses schöne Erlebnis gehabt, und das reicht, damit muss es gut sein.

Wenn ich jenes Faible aber nun einmal nicht ganz ad acta legen kann? Warum soll ich nicht zwei Fliegen mit einer Klappe schlagen und diese Leidenschaft auf eine Ebene transportieren, die unserem familiären Unternehmen nützlich sein kann? Und so gibt es seit Anfang der neunziger Jahre mehr als einen Firmenwagen, der über Deutschlands Straßen fährt und in auffälliger Weise für ›Peter Heinrichs‹ wirbt.

Mit einem ›Fleur de Lys‹, einem Nachbau des legendären Modells ›Ford T‹, das erstmals 1908 vom Band lief, fing alles an. Diese Oldtimer-Replik stand in Hamburg und wartete darauf, dass sie von dem Auftraggeber, einer Teefirma, abgeholt wurde. Dort stand sie aber schon eine geraume Zeit, und so wurde Maikel Kohlhase auf sie aufmerksam. Als wir wieder einmal miteinander telefonierten und er dabei das schmucke Auto er-

wähnte, gab es für mich kein langes Überlegen: So teuer (über 70 000 Mark) dieser ›Ford T‹ auch war, so hoch war sein Werbeeffekt. Besagter Effekt besteht noch heute, denn seit dem Bestehen des ›Château Henri‹ zieht er in Niederaußem die Blicke der Besucher auf sich.

Zwei Jahre später, Mitte 1992, gesellte sich zum ›Ford T‹ dann ein nachgebauter ›Lotus Super Seven‹, gefertigt von der ›VM exclusiver Fahrzeugbau GmbH‹ in Bergisch Gladbach. Ist dieser Monoposto allein schon eine Augenweide, so sollte er mit einer an seinem Heck angebrachten riesigen Cigarettenpackung der Hausmarke ›Peter Heinrichs‹ eine noch höhere Aufmerksamkeit erregen: Als ich den Bau des ›Lotus‹ noch während der Experimentierphase der ›Peter Heinrichs‹ in Auftrag gegeben hatte, waren wir in der Planung schon ein Stück weiter – zum Start der neuen Marke sollte der schnittige Sportwagen als Eyecatcher vor einigen ausgesuchten Geschäften stehen, die als unsere Handelspartner spontan und bereitwillig signalisiert hatten, die Einführung der neuen Cigarette aktiv zu unterstützen.

Sechs Monate benötigte ›VM‹ – das Kürzel steht für ›Vielhauer & Menschik‹ – für die Fertigstellung des Fahrzeugs, wobei der hohe Aufwand den nicht gerade niedrigen Preis von 50 000 Mark durchaus rechtfertigte. Nach fünf Tagen war denn das Ergebnis von einem halben Jahr Bauen und Schrauben Makulatur – auf der Hahnenstraße war eine Frau mit ihrem Wagen ins Schleudern geraten und mit ihrem Gefährt auf dem ›Lotus‹ gelandet. Gott sei Dank blieb die forsche Fahrerin nahezu unverletzt, doch bedurfte es keines Sachverständigen, um zu erkennen, dass sich der nagelneue ›Super Seven‹ in einen besseren Schrotthaufen verwandelt hatte: Totalschaden.

Erneut ging ein halbes Jahr ins Land, bis ein nagelneuer ›Lotus Super Seven‹ an der Hahnenstraße vorfahren konnte. Mittlerweile hatten die Monteure bei ›VM‹ aber auch den »Schrotthaufen« wieder zu einem ansehnlichen Sportwagen erstehen lassen, und so verkaufte ich den neuen ›Lotus‹, auch deshalb, weil er bedeutend leiser und auch nicht so schnell wie der erste war, wohingegen der aus Blechruinen entstandene noch heute seinen Dienst tut und wie der ›Fleur de Lys‹ vor unserem ›Château Henri‹ steht.

Ende der neunziger Jahre war es dann ein ›VW New Beetle‹, der unseren Fuhrpark vorerst vervollständigte. Ebenfalls mit einer Cigarettenpackung auf dem Heck, war das der erste ›Beetle‹, der auf den Straßen von Nordrhein-Westfalen herumfuhr. Mittlerweile ist er durch einen ›Fiat 500‹ ersetzt worden, weil auch der ›Beetle‹ nicht von einem Totalschaden verschont geblieben war.

Lasst Zahlen sprechen: 10, 21, 38, 640, 2000, 100 000, 290 000. Wer hinter dieser Reihe eine Logik vermutet, dem sei gesagt: Es ist nicht erforderlich, in die Tiefen der Mathematik einzutauchen, um hinter das scheinbare Mirakel zu kommen. Die Zahlenreihe steht für einen weiteren motorisierten Superlativ: 10-Liter-Motor, 21 Meter lang, 38 Tonnen, Platz für 100 000 Cigarren (zumeist der Marke ›Peter Heinrichs‹), 290 000 Mark Anschaffungskosten – ein US-Truck der Marke ›Kenworth‹.

Als ich im Jahre 2000 zum ersten Mal mit dem ›Kenworth‹ in Niederaußem vorfuhr, erlebte ich eine echte Premiere: Traudchen war kein bisschen begeistert, sorgte sich vielmehr ernsthaft um meinen Gesundheitszustand. Dabei war die Anschaffung dieses Trucks die Folge einer nüchternen Analyse: Wenn das Steueramt in Bünde die Banderolen für unsere Cigarettenpackungen verschickt, ist die Empfängeradresse Niederaußem; dort angekommen, werden sie nach Belgien zum Hersteller weitergeleitet; das geschieht persönlich, da die Banderolen nur bis zur deutsch-belgischen Grenze versichert sind; die Steuermarken werden in Belgien direkt auf den Cigarettenpackungen an-

gebracht, um danach von einer Spedition angeliefert zu werden; die nunmehr verzollten Packungen sind aber erst dann wieder versichert, wenn sie über deutsche Straßen rollen; da sie auf belgischem Gebiet praktisch »vogelfrei« sind, wecken solche Transporte gerne mafiöse Begehrlichkeiten.

Einmal kam tatsächlich eine Lieferung nicht an: Die Cigaretten waren weg, 100 000 Mark ebenfalls. Wie das Ganze genau passiert ist, ist bis heute nicht aufgeklärt. Eines erscheint jedoch sicher: Mittlerweile sind die Cigaretten irgendwo in Osteuropa in Rauch aufgegangen. Aus diesem Grund habe ich seinerzeit den Truck gekauft – um dann einmal im Monat damit nach Belgien zu fahren und die Cigaretten nach Niederaußem zu transportieren. Da solch ein Truck – und hier bin ich bei einem einträglichen Nebeneffekt – über enorme Werbeflächen verfügt, habe ich diese Flächen an einige Lieferanten verkauft. Zudem befindet sich im Fahrerhaus die erste fahrbare Lounge mit eingebautem Humidor. Hier finden sechs Personen Platz, um genüsslich ihre Cigarren zu rauchen. Auch das ein nicht zu unterschätzender Werbeeffekt.

Seit ein 2005 in Belgien erlassenes Tabakwerbeverbot die Fahrten mit dem Truck unmöglich macht, liefert der Hersteller mit einem eigenen Transporter die Cigaretten nach Niederaußem. Gleichwohl findet der Truck weiterhin Verwendung: Zum einen wirbt er, etwa bei Events und Messen, jetzt ausschließlich für ›Peter Heinrichs‹, zum anderen dient er mehrmals im Jahr als Transporter für rund hunderttausend Cigarren nebst Accessoires, die in der Regel von großen Warenhausketten für Sonderaktionen bestellt werden. Diese Aufgabe kann der ›Kenworth‹ noch geraume Zeit erfüllen, denn das bullige Fahrzeug hat eine Garantieleistung von 800 000 Kilometern (!). Gerade einmal knapp 30 000 Kilometer zeigt der Tacho nach rund einem Jahrzehnt Fahrbetrieb an …

Ein Haus im Haus

Nicht jeder, aber recht viele engagierte Tabakwarenhändler, die ihr Hauptaugenmerk auf die Cigarre gerichtet haben, wären gerne Betreiber einer ›Casa del Habano‹, eines jener »Häuser der Havanna«, in denen ausschließlich die Produkte kubanischer Cigarrenmacherkunst angeboten werden. Wie gesagt: Interessenten sind es viele, aber nur wenige werden ausgesucht – lediglich hundertvierzig dieser ›Casas‹ gibt es weltweit, wobei die ersten im erweiterten mittelamerikanischen, dann auch zunehmend im arabischen und übrigen asiatischen Raum ihre begehbaren Hu-

Die im April 2010 verstorbene kubanische Tabaklegende Alejandro Robaina (»Don Alejandro«) mit Tochter Sandra

midore öffneten. Die Alte Welt war, was diese tabacophilen Einrichtungen anbelangt, in jener Anfangszeit Diaspora. Keine ›Casa del Habano‹ weit und breit.

Das sollte sich nach Meinung von Manuel (»Manolito«) García ändern, und so kam er 1995 zu mir und meinte, ich solle doch die erste ›Casa‹ in Europa errichten. Wir kannten uns damals schon länger, waren freundschaftlich miteinander verbunden, und deshalb hatte er mich wohl »ausgeguckt«. Ich musste ihm aber, so leid es mir auch tat, einen Korb geben – das ›Château Henri‹ war noch nicht einmal ein Jahr alt, weshalb wir alle Hände voll zu tun hatten, um die Abläufe in den beiden Geschäften sinnvoll zu optimieren: Sie sollten sich vor allem ergänzen, wobei zum einen die Schwerpunkte eines jeden Ladens

Mittlerweile in Köln: Die ›Casa del Habano Cologne‹ auf der Hahnenstraße

sichtbar herauszustellen, zum anderen aber auch das Kooperieren miteinander sowie das Ineinandergreifen der jeweiligen Tätigkeiten zu optimieren waren.

Manolito, mittlerweile langjähriger Vizepräsident der staatlichen, für die Geschicke der kubanischen Cigarrenindustrie verantwortlichen Gesellschaft ›Habanos S. A.‹, war damals zwar etwas traurig, doch da er meine Entscheidung nachvollziehen konnte, war er nicht sauer auf mich. »Dann eben ein andermal«, lautete schließlich sein lapidarer Kommentar.

»Andermal« war dann ein halbes Jahrzehnt später. 2000 gab es mit dem Berliner »Haus der Havanna« nur einen dieser »Cigarrentempel« in Deutschland, nachdem der erste dieser Art auf heimischem Boden, die ›Casa del Habano‹ in Meerbusch bei Düsseldorf, in besagtem Jahr in die Insolvenz gegangen war. Also versuchte ich, jene ›Casa del Habano‹ nach Niederaußem zu holen, zum ›Château Henri‹. Das jedoch war gar nicht so einfach, denn die Kubaner verbanden bis dato die Erteilung der Lizenz für eine ›Casa del Habano‹ mit einer Alleinstellung, das heißt: Neben den in einer ›Casa‹ angebotenen Havannas durfte nicht eine Cigarre aus einer anderen Provenienz, etwa eine ›Davidoff‹ aus der Dominikanischen Republik, unter demselben Dach angeboten werden. Dass ›Peter Heinrichs‹ schon seit etlichen Jahren überaus erfolgreicher ›Davidoff‹-Depositär war, machte das Ganze nicht gerade einfacher.

Letztendlich konnte dann doch noch im selben Jahr die ›Casa del Habano Cologne‹ in Bergheim-Niederaußem öffnen, sicherlich auch dank der engagierten Fürsprache Manolitos (der übrigens aufgrund eines mehrjährigen Studienaufenthalts in der DDR ein hervorragendes Deutsch spricht, dabei die Grammatik besser beherrscht als ich – aber das will ja nicht viel heißen). Der seinerzeitige Kompromiss zwischen den Kubanern und mir: Die ›Casa‹ war im Obergeschoss des ›Châteaus‹ zu finden, dort, wo sich das Museum befand, war demnach abgekoppelt von den übrigen Cigarren, die im Parterre angeboten wurden.

Inzwischen sind andere diesem System gefolgt. So gibt es in Nürnberg, Düsseldorf und Stuttgart mit Christine Klever, Muhammet Genc und Siegfried Schäuble engagierte Händler, die ihre ›Casas‹ zusammen mit ihren angestammten Geschäften ›Casa del Puro‹, ›Selected Cigars‹ und ›Tabacum‹ betreiben. Und mittlerweile, genauer seit 2006, befindet sich die ›Casa del Habano Cologne‹ nun auch wirklich in Köln, und zwar auf der Hahnenstraße – und erzielt von allen weltweit existierenden »Häusern der Havanna« den größten Umsatz …

Dieser Erfolg ist nicht zuletzt darauf zurückzuführen, dass wir die Philosophie der Kubaner weiterentwickelt haben. Meine Mitarbeiter, die schon mal Kuba besucht haben, und ich lieben dieses Land, lieben vor allem die Menschen dort, die uns immer mit einer Gastfreundschaft begegnen, wie sie andernorts nur noch selten anzutreffen ist.

Sprungbrett Volksschule

Drei Stunden, dreiunddreißig Minuten und sechs Sekunden. Das ist der Weltrekord. Ein ganz spezieller Weltrekord, aufgestellt von einem Italiener. Es ist der Weltrekord im Pfeife-Langsam-Rauchen.

Pfeifenraucher sind mitunter ein recht seltsames Völkchen, sind jedoch durchweg liebenswerte Zeitgenossen. Man muss aber schon einen leichten Spleen haben, gepaart natürlich mit sportlichem Ehrgeiz, wenn man sich drei Gramm Tabak in eine Pfeife stopft (wobei jeder mit der gleichen Pfeife klarkommen muss), zum Anzünden lediglich zwei Streichhölzer zur Verfügung hat, um dann zu versuchen, den Tabak so lange wie möglich in der Pfeife am brennen zu halten, denn die Pfeife muss immer brennen – wenn sie ausgeht, bedeutet das auch das Aus für den Teilnehmer solch eines Wettbewerbs. Dann wird die Zeit genommen, und so versucht jeder derjenige zu sein, bei dem als Letzter die Zeit gemessen wird – getreu der alten biblischen Weisheit, wonach die Letzten die Ersten sein werden. In solch einem Fall kann es dann durchaus passieren, dass jemand einen Weltrekord aufstellt – wenn es sich denn bei dem Wettbewerb um eine vom ›CIPC‹ durchgeführte internationale Veranstaltung handelt. Wie das Gianfranco Ruscalla widerfahren ist, so der Name des eingangs erwähnten Weltmeisters im Pfeife-Langsam-Rauchen.

›CIPC‹: Das steht für ›Comitè International des Pipe Clubs‹, den weltweiten Dachverband der organisierten Pfeifenraucher. Diesem Verband gehört als Mitglied selbstverständlich auch der ›VDP‹ an, der ›Verband Deutscher Pfeifenraucher e.V.‹. Präsident des ›VDP‹ ist Kurt Eggemann, gleichzeitig auch Präsident des 1979 gegründeten Kölner Pfeifenclubs ›De Pief es uss‹ (›Die Pfeife ist aus‹), des ältesten und somit auch ersten Clubs dieser Art in der Domstadt.

Seit Jahren ist Kurt Eggemann ein sehr enger Freund von mir. Er hat mir auch die Möglichkeit eröffnet, bei Deutschen sowie bei Europa- und Weltmeisterschaften im Pfeife-Langsam-Rauchen teilzunehmen. Nein, nicht als Pipe Smoker, sondern als Organisator von Pipeshows, die im Rahmen einer solchen Meisterschaft über die Bühne gehen. So auch bei der Europameisterschaft von 2008 in Würselen bei Aachen sowie bei dem ein Jahr darauf stattfindenden ›World Team Cup‹ in Debrecen, der zweitgrößten Stadt in Ungarn, nahe der Grenze zu Rumänien gelegen und zwei Stunden von Budapest entfernt.

Pipeshows dieser Art laufen wie folgt ab: Zu einem Festpreis, der auch die gesamten Standkosten für die Aussteller impliziert, miete ich die Veranstaltungshalle beziehungsweise den -ort, wobei mir zudem die gesamte Organisation der Pipeshow obliegt. Daraufhin lade ich zum einen international renommierte Pfeifenmacher, zum anderen Unternehmen ein, die dann, meist zu Sonderkonditionen, sowohl Tabak als auch Pfeifen anbieten. Hat sich ein Kunde für ein Produkt (auch für mehrere) entschieden, bezahlt er es ausschließlich bei mir. Nach Ende der Veranstaltung stellen mir dann die Aussteller die verkauften Erzeugnisse, bezogen auf den Bruttoverkaufspreis, zu den handelsüblichen

Mit Kurt Eggemann vor dem ›Ungarischen Nationalmuseum‹ in Budapest

Konditionen in Rechnung. Somit ist allen gedient: den Kunden, den Pfeifenmachern, den Unternehmen und auch mir als Veranstalter – und schließlich noch (sehr wichtig!) dem Finanzamt. Ich trage zwar das Risiko, da ich nicht weiß, wer und wie viele meinem Ruf folgen, aber in der Regel kann ich einen Gewinn verbuchen. Der ist zwar nicht als umwerfend zu bezeichnen, da er stets merklich unter der Grenze von zehntausend Euro liegt, aber darum geht es in erster Linie nicht. Entscheidend ist letztlich der immense Werbeeffekt für alle Beteiligten, die bei einer solchen Verkaufsshow mitwirken.

Einige Tage vor der Pipeshow in Debrecen kamen Kurt und ich zu einer Ehre, die nicht vielen Pfeifenrauchern zuteil wird. Womit wir bei der Überschrift zu diesem Teilkapitel angelangt wären. Was die Ehre anbelangt, möchte ich an dieser Stelle den

Präsidenten des ›Verbandes Deutscher Pfeifenraucher e.V.‹ zu Wort kommen lassen, der hierüber einen Bericht verfasst hat …

Im Rahmen eines großen Galabanketts im ›Ungarischen Nationalmuseum‹ zu Budapest sind Peter Heinrichs vom ›Haus der 10.000 Pfeifen‹ in Köln und Kurt Eggemann, Präsident des ›Verbandes Deutscher Pfeifenraucher e.V.‹ und des ›1. Kölner Pfeifenclubs‹, am 8. Oktober 2009 als Mitglieder in die ›Académie Internationale de la Pipe‹ aufgenommen worden.
Bei der ›Académie‹ handelt es sich um einen illustren Kreis von Pfeifenliebhabern aus aller Welt. Die Aufnahme in die 1984 auf Initiative des Franzosen André-Paul Bastine gegründete ›Académie Internationale de la Pipe‹ ist bei weitem nicht so einfach wie beispielsweise der Beitritt zu einem Sportverein. Mindestens zwei Mitglieder der ›Académie‹ müssen einen Kandidaten als neues Mitglied vorschlagen und ihren Vorschlag ausführlich begründen. Nur dann wird überhaupt darüber befunden, ob dem Kandidaten die Mitgliedschaft angetragen wird.
Ziel der ›Académie‹ ist es, Wissen über die Pfeife und ihren Gebrauch in »allen Epochen, in allen Erdteilen und unter allen Gesichtspunkten, sei es kultureller, künstlerischer, wissenschaftlicher, soziologischer oder ethnografischer Art«, zu sammeln und zu erhalten. »Zu diesem Zweck führt sie Persönlichkeiten unterschiedlicher Nationen und Horizonte zusammen, die von Berufs wegen oder aus purer Leidenschaft in der Lage sind, ihren Beitrag zu dieser gemeinsamen Forschung zu leisten«, heißt es seitens der ›Académie Internationale de la Pipe‹.
Aus diesem Grunde wurde jetzt auch Peter Heinrichs durch Peter Davey, den Grand Master, in den Stand eines »Akademikers« erhoben. Bei den Akademikern, die dem höchsten Stand der Mitglieder angehören, »handelt es sich um Persönlichkeiten aus verschiedenen

Akademiker mit Volksschulabschluss: Klein-Peter in der dritten Reihe von unten als Vierter von links

Disziplinen, die in der Lage sind, die Forschung zur Geschichte der Pfeife und ihres Gebrauchs voranzutreiben«, erklärt die ›Académie‹. »Der Titel eines Akademikers wird durch Ergänzungswahl durch die Akademiker auf Lebenszeit erteilt. Die Anzahl der Akademiker ist auf dreißig begrenzt.« Schließlich wird präzisiert: »Aus Tradition sind nicht mehr als zwei Akademiker pro Land vertreten.« Kurt Eggemann wurde aufgrund seiner Verdienste für das Vereins- und Verbandswesen der Pfeifenraucher als korrespondierendes Mitglied in die ›Académie‹ aufgenommen. Bei diesen Mitgliedern handelt es sich um »anerkannte Fachmänner in ihrer Disziplin«, die sich aktiv an der Arbeit der ›Académie‹ beteiligen. Derzeit zählt die ›Académie‹ rund dreißig dieser korrespondierenden Mitglieder in zwölf Ländern …

Abschließend ist hierzu noch zu sagen: Ich bin stolz darauf, von dieser führenden internationalen Institution zum Akademiker ernannt worden zu sein, handelt es sich doch um die höchste Auszeichnung, die einem Pfeifenliebhaber verliehen werden kann, zumal dann, wenn er als Nachfolger von Otto Pollner berufen wird, einem der größten Experten in der Branche, selbst Pfeifenmacher von Rang und Verfasser grundlegender Bücher zum Thema.

Der beeindruckende Festakt im ›Nationalmuseum‹ ging über mehr als drei Stunden, und anwesend waren alle Mitglieder der ehrwürdigen Einrichtung, angereist unter anderem aus Belgien, Frankreich, Italien und Japan, den Niederlanden und den Vereinigten Staaten. Was soll ich sagen? Peter der Kleine, der mit noch nicht einmal vierzehn Jahren die Volksschule abgeschlossen hatte, wurde ohne jede Protektion mit dreiundsechzig in den Stand eines Akademikers erhoben ...

KAPITEL 14

Von leisen Erlebnissen und großen Gefühlen

»Ehe man anfängt, seine Feinde zu lieben, sollte man seine Freunde besser behandeln.«
SAMUEL LANGHORNE CLEMENS,
besser bekannt als Mark Twain, amerikanischer Schriftsteller

Das schönste an meinem Beruf als Einzelhändler ist nicht etwa das allabendliche Geldzählen, denn das ist hauptsächlich dazu da, um zu sehen, ob ich die Gehälter für meine Mitarbeiter und die Rechnungen meiner Lieferanten bezahlen kann. Nein, am schönsten sind die zahlreichen Begegnungen mit meinen Kunden, die ich – wie schon sehr oft kundgetan – als meine Freunde ansehe, denen ich versuche zu helfen, wo und wann ich nur kann.

So manches Erlebnis mit oftmals höchst unterschiedlich auftretenden Menschen, auf die ich in der Hahnenstraße, im ›Château Henri‹ oder anderswo getroffen bin, möchte ich nicht missen. Nahezu jedes dieser Zusammentreffen hat mir geholfen, meine durchaus beträchtliche Menschenkenntnis um zumindest eine winzige Nuance zu erweitern. Von einigen wenigen dieser Begegnungen soll hier die Rede sein …

Till Eulenspiegel auf Kölsch

Jeder Kölner, so die landläufige Meinung, ist mit einer Narrenkappe geboren. Das entspricht jedoch nicht den Tatsachen. Denn hin und wieder gibt es Domstadtbewohner, die recht wenig mit Karneval am Hut haben. Zu diesen Zeitgenossen gehöre auch ich. Wenn überhaupt, dann bin ich, beginnend auf Altweiber und endend am Rosenmontag, nur während dieser tollen fünf Tage so etwas wie ein Karnevalist, und wenn es ums Schunkeln auf einer närrischen Sitzung geht, habe ich meist etwas anderes zu tun, fällt mir auf jeden Fall stets eine Ausrede ein, warum ich gerade an diesem bestimmten Abend verhindert bin. Ganze drei Mal war ich bisher in meinem Leben auf solch einer Veranstaltung.

Jene drei Male zeigen: Manchmal lässt es sich nicht vermeiden, an einem solchen Spektakel teilzunehmen. So auch Anfang des

Jahres 2010 nicht, als Kurt Stumpf höchstselbst, als Präsident der ›Prinzengarde Köln‹ ein Schwergewicht im rheinischen Karneval, Traudchen und mich zu einer Kostümsitzung im ›Maritim‹ einlud. Da mein bestes Stück mit zweien unserer Enkelkinder im Urlaub war, nahm ich meine Tochter Petra mit. Sie sah als Prinzessin wirklich toll aus, während ich mich als Clown potthässlich fand.

Wie es sich für eine Prinzessin gehört, gab es für Petra eine Flasche Champagner, während ich, der ich in meinem ganzen Leben noch nie einen Tropfen Alkohol getrunken habe, mich wie üblich bei Wasser und Kaffee vergnügte. Nicht nur Alkohol treibt, sondern auch und gerade Wasser, und als ich das gewisse Örtchen aufgesucht und mich erleichtert hatte und danach peinlich feststellen musste, dass ich nicht einen Cent bei mir hatte, meinte die Toilettenfrau zu mir: »Wissen Se, Herr Süper, Se dürfen bei mir umsonst.« Da hatte mich, den Gelegenheitsnarren, die gute Frau doch tatsächlich für Hans Süper junior gehalten, in den letzten vier Jahrzehnten mit seinem ›Colonia Duett‹ einer der größten Stimmungsmacher im Kölner Karneval.

Es gibt praktisch keinen Tag, an dem ich nicht eine meiner Pfeifen und meinen Tabak dabeihabe. Doch an diesem besagten Abend lagen meine Rauchutensilien zu Hause, und auch daran, mir wenigstens eine leckere Cigarre einzustecken, hatte ich nicht gedacht. Gott sei Dank lief ich Albert Huber, dem Direktor des ›Maritim‹, über den Weg, der mir aus meiner Verlegenheit half und mir zwei ›Davidoff № 2‹ überreichte.

Zwar war Rauchen während der Karnevalsveranstaltung erlaubt, aber da es mir im Saal zu laut war, ging ich in die riesige, mit einer Glaskuppel überdachte Hotelgalerie, um eine der Cigarren in Ruhe zu rauchen. Auf einmal stand ein älterer Herr neben mir und sah mich ernst an. Schon wieder einer von den militanten Nichtrauchern, dachte ich. Angriff ist immer die beste Verteidigung, und so wählte ich die Flucht nach vorne und bot ihm meine zweite Cigarre an. Er wich etwas zurück: »Nein danke. Ich rauche seit zehn Jahren nicht mehr, obwohl ich liebend gerne Cigarre geraucht habe. Sogar einen privaten Humidor bei Zino Davidoff in Genf habe ich gehabt. Da sich aber meine Frau mit Cigarrenrauch absolut nicht anfreunden kann, habe ich dann schließlich damit aufgehört. Aber nach wie vor rieche ich es gerne, wenn jemand eine gute Cigarre raucht. – Ach bitte, tun Sie mir doch den Gefallen und machen Sie noch ein paar Züge in meiner Gegenwart ...«

Das erinnerte mich ein paar Tage später an eine Geschichte, die Till Eugenspiegel widerfahren sein soll. Als der Gaukler, der angeblich in der ersten Hälfte des 14. Jahrhunderts in Norddeutschland gelebt hat, einmal einen Gasthof aufsuchte und sich einen saftigen Braten bestellte, er aber nach geraumer Zeit immer noch kein Gericht vor sich stehen hatte, suchte er die Küche auf, um dort all die schönen Gerüche aufzunehmen, die bei der Speisenzubereitung durch die Luft zogen. Irgendwann setzte er sich wieder in die Gaststube, und nachdem der Wirt endlich mit dem Braten kam, meinte Till, nun habe er keinen Hunger mehr, weil der Bratenduft in der Küche ihn satt gemacht habe. Als der Wirt dann jedoch auf die Bezahlung des Bratendufts bestand, der Till ja schließlich den Hunger genommen habe, nahm der Schalk eine Münze, ließ sie über den Holztisch rollen, um sie danach sofort wieder an sich zu nehmen. Dann sah er den etwas verdutzt dreinschauenden Wirt an, sagte: »Nehmt den Pfennigklang für den Bratenduft« – und verschwand ...

Natürlich hatte der ältere Herr keine Münze aus der Tasche geholt, aber das war ja auch nicht nötig. Wichtig war alleine der von mir erzeugte Cigarrenrauch, dessen Aroma ihn in eine andere Zeit versetzte ...

Jeder Tag kann der letzte sein

Die folgende Begebenheit ist jetzt etwa fünfzehn Jahre her. In der Weihnachtszeit betrat ein langjähriger Kunde den Laden in der Hahnenstraße, im Schlepptau seinen Sohn. Der Vater schaute sich in Ruhe etliche Pfeifen an, um dann schließlich mit einer Meerschaumpfeife für knapp hundertneunzig Mark an die Kasse zu kommen. Als er das außergewöhnlich schöne Stück bezahlen wollte, meldete sich auf einmal sein Sohn – er mochte um die vierzig sein – zu Wort und meinte, das wäre ja wohl recht teuer, zudem wäre der Kauf unsinnig, denn Vater wäre ja schon fünfundsiebzig, und in diesem Alter solle er sich schon fragen, ob sich solch eine Investition noch lohne. Der Kunde und ich sahen uns leicht erstaunt an, wobei es mir peinlich war, so etwas notgedrungen mitanhören zu müssen, und dann – kurze Rede, langer Sinn – entschied sich der »alte« Mann für eine Pfeife, die etwa fünfzig Mark kostete.

Danach ward der Kunde für lange Zeit nicht mehr gesehen. Als er schließlich nach einigen Monaten uns wieder einmal aufsuchte, ging er geradewegs auf das Regal mit den Meerschaumpfeifen zu, nahm das besagte Stück in die Hand und kam dann zu mir an die Kasse, woraufhin ich ihn ansprach: »Lange nicht mehr gesehen. – Haben Sie inzwischen Ihren Sohn von dieser Meerschaumpfeife überzeugen können?« Er schaute mich traurig an: »Das musste ich nicht. Ich habe meinen Sohn vor ein paar Wochen beerdigen müssen.«

»Auch wenn ich wüsste, dass morgen die Welt zugrunde geht, würde ich heute noch einen Apfelbaum pflanzen.« In jenem traurigen Augenblick, als der Kunde mir von seinem schweren Schicksalsschlag erzählte, musste ich an diesen Ausspruch Martin Luthers denken. Er lässt sich auch und gerade auf das Genießen beziehen: Wenn du dir heute etwas Gutes gönnen möchtest, dann tue das. Wer weiß, ob du es morgen noch kannst ...

Großes Kino auf der Hahnenstraße

Es war ein ganz normaler Samstag im Jahre 1997. Das meinte ich jedenfalls. Bis dann nachmittags um zehn vor vier der Anruf kam. Am anderen Ende der Leitung: Arnold Schwarzenegger, seinerzeit noch nicht Gouverneur von Kalifornien, wohl aber erfolgreicher Hollywood-Schauspieler. Er war auf Promotiontour in Deutschland und machte gerade Station in Köln. »Arnie« meinte, ich solle doch meine Kunden »ausbedienen« und danach den Laden schließen, da er vorhabe, in einigen Minuten bei mir zu erscheinen. Da er ›Peter Heinrichs‹ in guter Erinnerung habe – als Arnold Schwarzenegger zwei Jahre in Köln wohnte, kam er oft in die Hahnenstraße –, wolle er mich bei meinem Bemühen unterstützen, die Cigarre noch mehr ins Bewusstsein der Genussraucher zu bringen, zudem dabei helfen, ihr insgesamt zu ähnlichem Ansehen zu verhelfen, wie das in den Vereinigten Staaten der Fall sei, wo die Cigarre bekanntermaßen längst zum Kultobjekt avanciert war.

Eine Viertelstunde später kam er dann, der ehemalige Bodybuilder, bis heute mit fünf ›Mr. Universum‹- und sieben ›Mr. Olympia‹-Titeln der erfolgreichste Athlet seiner Sportart. Arnold Schwarzenegger fuhr in einer von drei Limousinen vor, begleitet und bedrängt von einem Pressetross, der rund hundert Leute umfasste. So viele Fotografen, Journalisten und Kameraleute auf einen Haufen hatte ich noch nie gesehen.

Den Hollywoodstar, solchen Andrang gewohnt, kümmerte das herzlich wenig, und so betrat er mit seiner Frau Maria Shriver,

Arnold Schwarzenegger höchstselbst zu Besuch in der Hahnenstraße

Nichte der amerikanischen Präsidentenlegende John F. Kennedy, und dem Boss der US-Filmgesellschaft ›Metro-Goldwyn-Mayer‹ (›MGM‹) entspannt und ohne jede Hektik den Laden. Während draußen durch den wachsenden Andrang von Schaulustigen irgendwann das totale Chaos herrschte und sich die Polizei schließlich genötigt sah, die Hahnenstraße abzusperren, ging es drinnen relativ locker zu. Neben den drei von mir begrüßten Besuchern waren nur noch einige Mitarbeiter anwesend.

Arnold Schwarzenegger ist liebenswert und charmant, zudem in der Konversation ein absoluter Profi. Wir unterhielten uns etwa eine gute Stunde über Cigarren und die dazugehörigen Accessoires, er redete vollkommen locker über seine neue Herzklappe und amüsierte sich dabei über die immer größer werdende Traube vor unserem Geschäft – kurzum: Er fühlte sich sehr wohl. Worüber er weniger erfreut war: Das Ordnungsamt der Stadt Köln in Gestalt von mehreren Politessen wollte die drei Limousinen, mit denen er gekommen war, abschleppen lassen (was ich jedoch verhindern konnte). Als ich dann mit meinen drei Besuchern gegen halb sechs den Bürgersteig betrat, um sie zu ihrem Wagen zu begleiten, brauste ein Jubel auf, wie man ihn nur vom Rosenmontag kennt, wenn das ›Kölner Dreigestirn‹ mit dem Festzug durch die Straßen zieht.

Nachdem die Limousinen abgefahren waren, wurden meine Mitarbeiter und ich von etlichen Reportern bestürmt: Was denn Arnold Schwarzenegger gewollt habe, was wir miteinander gesprochen hätten, was er gekauft habe. Aber alles Löchern half nichts: Da wir nie darüber Auskunft geben, was ein Kunde bei uns gekauft hat, geschweige denn darüber, welche Worte zwischen uns gewechselt worden sind, mussten die Presseleute in diesem Fall unverrichteter Dinge abziehen und unwissend-frustriert das Feld verlassen.

Abends rief Traudchen aus Spanien an, wo sie zusammen mit Petra ein paar Tage ausspannte. »Was war denn bei euch los?«, wollte sie wissen. »Bei RTL haben sie einen Riesenbericht über euch gezeigt: Arnold Schwarzenegger in Deutschland, der unter anderem seinen Freund Peter Heinrichs in Köln besucht hat. Erzähle …« – »Aber du hast doch alles im Fernsehen gesehen«, unterbrach ich sie, um ihr dann natürlich über alles zu berichten, was sie wissen wollte.

Noch heute bin ich Arnold Schwarzenegger für seinen Besuch in der Hahnenstraße dankbar, geriet doch dieser Besuch, zusammen mit dem Pressetross, zu einem eindrucksvollen medialen Auftritt, den er da inszeniert hatte. Danach brach ein regelrechter Boom in Sachen Premium-Cigarren bei uns aus, der sich dann binnen kürzester Zeit über ganz Deutschland ausweitete. Auch heute noch sind der Gouverneur von Kalifornien und der Kölner Tabakwarenhändler in Kontakt. So konnten zum Beispiel die Besucher auf der von ›Peter Heinrichs‹ organisierten und durchgeführten Verkaufsveranstaltung, die am 8. und 9. Mai 2010 im Kölner ›Maritim‹ stattfand, einige wunderschöne Humidore bestaunen, die ein Freund Arnold Schwarzeneggers entwickelt und gefertigt hatte, versehen mit dem persönlich angebrachten Autogramm des Bodybuilders, Schauspielers und Gouverneurs.

Ich habe in meinem Leben viele prominente Zeitgenossen bedient und kennengelernt, so etwa den US-Schauspieler George Hamilton, der 1999 seine Cigarrenmarke auf der Hahnenstraße vorstellte, so auch US-Präsident Bill Clinton, der im selben Jahr während des ›G8-Gipfels‹ in Köln abends um zehn bei uns vorbeischaute, nachdem er zuvor durch einen Anruf in Niederaußem seinen Besuch hatte avisieren lassen. Dann wären da noch die ehemaligen Bundeskanzler Gerhard Schröder und Dr. Helmut Kohl zu nennen, wobei Letzterer seine Pfeifen meist über Ludwig-Holger Pfahls bezog, damals Staatssekretär im ›Bundesministerium der Verteidigung‹. Ebenfalls zu der Zeit, als Bonn Regierungssitz war, kam auch Pfeifenraucher Dr. Rainer Barzel hin und wieder in die Hahnenstraße.

Diese Liste ließe sich um etliche Namen fortsetzen, doch möchte ich es hierbei bewenden lassen, vor allem deshalb, weil ich von vielen Prominenten, die bei mir Cigarren, Pfeifen und Tabak kaufen, um ihren Wunsch nach Verschwiegenheit weiß, der vornehmlich darin begründet ist, dass sie in der Öffentlichkeit nicht mit dem Rauchen von Pfeife oder Cigarre in Verbindung gebracht werden möchten.

Besuch in der Ewigen Stadt

Zum Schluss möchte ich von einer Gnade erzählen, die ich erleben durfte und die mir zeitlebens in Erinnerung bleiben wird. Es war im Januar 1993, quasi punktgenau zum fünfundzwanzigsten Heiratsdatum von Traudchen und mir, als mich ein guter Freund anrief. Prof. Dr. Dr. Anselm Herz, General bei den Dominikanern, der zwei-, dreimal im Jahr in meinen Laden kam, ansonsten jedoch in Rom lebte, teilte mir mit, er hätte beim Papst für mich um eine Audienz vorgesprochen, und da Johannes Paul II. ihr zugestimmt hätte, wäre es jetzt so weit.

Einmal dem Papst persönlich gegenüberstehen – Anselm Herz wusste um einen meiner sehnlichsten Wünsche, und ich konnte mir vorstellen, dass es für ihn nicht einfach gewesen sein musste, eine solche Audienz zu ermöglichen. Leider musste ich absagen, weil ich gerade wahnsinnig viel um die Ohren hatte. Darüber war der General überhaupt nicht erfreut: »Weißt du, hier geht es um Seine Heiligkeit, nicht um den Prinz Karneval! Diese Ehre solltest du erkennen und sie auch wahrnehmen.« Trotzdem ging es zu jenem Zeitpunkt nicht. Sehr traurig, das Ganze …

Im April bedeutete ich dann Anselm, dass wir – Traudchen, Sandra und ich – nach Rom fliegen und ihn gerne besuchen würden. Sein Unmut über meine damalige Absage hatte sich inzwischen gelegt, und so teilte er mir sogar mit, dass er uns einen seiner Studenten an die Seite stellen würde, damit der uns das Interessanteste von Rom zeige.

Dann ging alles sehr schnell. Am Tag nach unserer Ankunft nahm uns Anselm mit zum Vatikangericht, weil er uns mit seinem ehemaligen Sekretär bekanntmachen wollte: Pater Stefan aus der Schweiz, später übrigens Nuntius in Berlin, bekleidete dort das Amt eines Richters. Wir verstanden uns auf Anhieb mit dem jungen, weltoffenen Geistlichen – und als wir uns nach einigen Stunden schon von ihm verabschiedet hatten, kam er noch einmal angelaufen: »Der Sekretär Seiner Heiligkeit erwartet euch morgen früh um viertel vor sechs. Ihr werdet danach den Papst kennenlernen.«

Selten war ich so aufgeregt wie in dieser Nacht vor dem Papstbesuch. Ich glaube, ich habe überhaupt nicht richtig geschlafen – jedenfalls war ich sehr früh an diesem Morgen abfahrbereit. Wir nahmen ein Taxi, und am noch menschenleeren Petersplatz angekommen, erwartete uns schon ein Schweizergardist am Eingang zu den Räumen des päpstlichen Armeekorps. Nach einer kurzen Begrüßung übernahm der Kommandant der Garde unsere Führung: Über einen Innenhof ging es zu einem rot ausgekleideten Aufzug und von dort in den zweiten Stock. Hier erklärte uns der Kommandant, dass sich rechter Hand die Räume der Vatikan-Regierung befänden, während sich auf der anderen Seite die Privatgemächer des Heiligen Vaters erstreckten.

Ich nahm das alles nur wie in Trance wahr, so aufgeregt war ich immer noch. In einem Vorraum angelangt, der mit ausgesuchten chinesischen Lackmöbeln äußerst stilvoll eingerichtet war, gaben wir Kameras, Taschen und weitere überflüssige Utensilien ab – und warteten. Nach einigen Minuten, die mir wie eine kleine Ewigkeit erschienen, kam der Sekretär Seiner Heiligkeit, begrüßte uns sehr höflich und führte uns in eine Kapelle. Dort ließ er uns alleine – und wir warteten. Auch Traudchen schien recht aufgeregt zu sein: »Wo ist der Papst?«, fragte sie mich flüsternd.

Endlich erschien Papst Johannes Paul II. mit seiner Entourage, um die allmorgendliche Messe im lateinischen Stil zu halten. Obwohl es in der Kapelle relativ kühl war, stand mir der Schweiß

auf der Stirn. Nachdem wir die Kommunion vom Papst empfangen hatten und die Messe zu Ende war, wurden wir in sein Büro geführt. Nach kurzer Zeit betrat er dann den Raum und wandte sich uns zu, um sich mit uns zu unterhalten. Hauptsächlich mit Traudchen, denn ich bekam nur wenige Worte heraus. Am Ende überreichte ihm meine Frau eine Uhr, auf deren Zifferblatt der Kölner Dom abgebildet und auf deren Boden eine Gravur angebracht war: »Heiliger Vater, 1993, Peter Heinrichs«. Ich glaube, Papst Johannes Paul II. hat sich über dieses kleine Geschenk sehr gefreut, denn danach segnete er uns und überreichte jedem einen sehr schönen, einen Bischofsstab darstellenden Rosenkranz.

Dass nun Segnung und Rosenkranzgeschenk als Dankeschön für die Uhr zu verstehen war, glaube ich inzwischen zwar nicht mehr, da der Heilige Vater wohl jeden Besucher vor dem Ab-

schied segnet, aber erfreut waren wir trotzdem. Anschließend ging es mit Pater Stefan zum Frühstück, und am Nachmittag holten wir im Vatikan die Bilder ab, die während unseres Besuchs vom päpstlichen Fotografen gemacht worden waren, denn nur ihm ist es erlaubt, in den heiligen Räumen eine Kamera zu betätigen. Die Bilder haben direkt nach unserer Rückkehr ihren Ehrenplatz in unserer Wohnung erhalten, während ich meinen Rosenkranz, aus einem inneren Bedürfnis heraus, Jahre später in Lourdes einem behinderten Menschen geschenkt habe.

Wie bereits angemerkt, brachte ich während der Audienz kaum ein Wort heraus. Dagegen konnte ich auf die Frage des Heiligen Vaters, was ich denn in der katholischen Kirche für eine Aufgabe bekleide, klar und deutlich antworten: »Keine administrative, aber ich bin ein Lieber-Gott-Fan. Ansonsten handle ich mit Tabak, Pfeifen und Cigarren.« Daraufhin meinte er, er habe in seiner Studentenzeit gerne Pfeife geraucht und als Papst hier und da schon mal ein Cigarillo, doch habe er diese liebe Gewohnheit vor Jahren aufgegeben, weil die oberste Nonne ihm aus gesundheitlichen Gründen verboten habe, weiter zu rauchen. Schade, ich hätte ihm gerne nach meiner Rückkehr ein paar Kisten Cigarillos der Marke ›Peter Heinrichs‹ geschickt. Natürlich ohne Rechnung …

KAPITEL 15

Gelebte Verkaufsphilosophie ...

»Ohne Grundsätze ist der Mensch wie ein Schiff
ohne Steuer und Kompass.«
SAMUEL SMILES, englischer Arzt und Schriftsteller

Bevor dieses Buch mit dem nachfolgenden Epilog seinen Schluss findet, möchte ich an dieser Stelle noch einmal auf den wohl wichtigsten Punkt meiner Verkaufsphilosophie eingehen. Zwar gehören erstklassige Produkte und kompetenter Service zum absoluten Muss eines Einzelhandelsgeschäfts, will es denn Erfolg haben, aber dennoch ragt der Dienst am Kunden aus allen übrigen Komponenten heraus.

Wer hat sie nicht schon vernommen, jene oft kolportierte Weisheit so manchen Ladenbesitzers, die da schlicht und einfach lautet: »Der Kunde ist König!«? Ich kann diesen auffordernden Satz nicht mehr hören, denn wenn dem so wäre, dann wäre der Verkäufer ja ein Bettler. Und wer will schon etwas von einem Bettler erwerben?

In diesem Zusammenhang darf noch etwas anderes nicht unerwähnt bleiben: Wie steht es mit dem Selbstbewusstsein beziehungsweise dem Selbstwertgefühl eines Verkäufers, der als Vierhundert-Euro-Jobber einem Kunden beispielsweise einen exklusiven Humidor inklusive hochwertigen Inhalts für zwanzigtausend Euro verkaufen soll? Weil sich hier eine zu stark klaffende Schere auftut, die sich nicht wird schließen lassen können, verdienen meine Mitarbeiter gutes Geld – und deshalb treten sie unseren Kunden gegenüber weder anbiedernd noch dienerisch auf, weder devot noch katzbuckelnd, weder untertänig noch unterwürfig, auch nicht aufdringlich, sondern bewegen sich in jeder Situation auf gleicher Augenhöhe. Das nötigt nicht nur Respekt ab, sondern unterstreicht auch die notwendige Kompetenz, die jeder Kunde erwartet.

Es sei zum wiederholten Male gesagt: Der Kunde ist mein Freund. Ich möchte mich jetzt jedoch nicht in weiteren theoretischen Ausführungen verlieren, sondern vielmehr mit einer kleinen Erzählung verdeutlichen, wie dieser so elementare Punkt

Das Stammteam auf der Hahnenstraße. Von links nach rechts: Ahmet, Christian, Steffi, Foti, Malek, Maurice, Sevki, Ingo

meiner Verkaufsphilosophie in der Praxis Gestalt annehmen kann und wie er gelebt wird ...

Ein eigenwilliger Mann mit klaren Vorstellungen

Seit meiner Lehrzeit kenne ich Karl Müller. Karl Müller raucht leidenschaftlich gern Havannas, und er kann es sich leisten, selbst die teuersten Erzeugnisse kubanischer Cigarrenmacherkunst im Dutzend zu kaufen. Ich rede hier wohlgemerkt von Kisten. Denn Karl Müller ist ein wohlhabender Mann.

Eines Tages suchte er mal wieder den Laden in der Hahnenstraße auf. Karl Müller, wie stets sehr distinguiert auftretend, kam auf mich zu und überreichte mir in seiner zurückhaltenden Art ein Feuerzeug der Marke ›Dunhill‹: »Herr Heinrichs, hier habe ich ein sehr schönes silbernes Feuerzeug. Es gehört zu einem Duo. Das gleiche habe ich noch in massivem Gold. Leider ist das silberne defekt. Könnten Sie mir das reparieren?« Ich schaute mir das gute Stück eingehend an und meinte dann: »Die Düsen sind total verstopft. Da kann ich hier nichts machen.« – »Und was heißt das?« – »Ich muss das Feuerzeug einschicken. In etwa zwei Wochen ist es wieder hier, und dann haben Sie praktisch ein neues Feuerzeug.« – »Gut, tun Sie das ...«

Operation »Massiv Silber«

Gesagt, getan. Leider kam das Feuerzeug auf seinem postalischen Weg nie in London bei ›Dunhill‹ an. Da ich wusste, dass Karl Müller viel Wert auf Individualität legt, wusste ich auch, dass er sich nicht mit den fünfhundert Mark zufriedengeben würde, mit denen das Feuerzeug auf dem Versandweg versichert war. Er wäre auch nicht mit fünftausend Mark zufrieden gewesen, sondern wollte bestimmt einzig und allein ein solches Feuerzeug von mir zurückerhalten.

So war es auch. Als ich ihm von dem Verschwinden erzählte, war er kein bisschen verärgert, sondern meinte nur lakonisch: »Herr Heinrichs, ich verlasse mich auf Sie. Ich möchte ein gleiches Feuerzeug von Ihnen wiederhaben.« Kein Mensch hatte solch ein gutes Stück – selbst ›Dunhill‹ konnte damit nicht dienen. Also schaltete ich europaweit (!) in allen mir bekannten einschlägigen Gazetten Annoncen, um solch ein Feuerzeug aufzutreiben. Nichts. Das ging über viele Monate. In der Zeit kam Herr Müller natürlich hin und wieder in den Laden, fragte auch jedes Mal nach dem Feuerzeug, und wenn ich ihm von meinen bis dato erfolglosen Anstrengungen berichtete, kam fast immer der gleiche geduldige Kommentar: »Herr Heinrichs, Sie machen das schon ...«

Und wie ich machte! Schließlich wurde ich in Brasilien fündig – und überwies zweieinhalbtausend Dollar auf ein Konto in Südamerika. Sobald das Geld darauf eingegangen war, würde, wie mir versichert worden war, das Feuerzeug augenblicklich versendet. Es kam auch tatsächlich an, hatte aber einen gravierenden Fehler: Es war aus Gold. Vielleicht hatte ich ja Glück, und Karl Müller würde sich über ein zweites ›Dunhill‹ aus massivem Gold freuen ...

Ich hatte Pech: »Herr Heinrichs, was soll ich denn damit? So eines habe ich doch. Ich möchte das Pendant in massivem Silber von Ihnen haben. Sie machen das schon ...« In der Tat: Ich fand einen Goldschmied im Süddeutschen, der das Gold abtrug und dann die Außenhülle in massivem Silber fertigte. Als ich Karl Müller das gute Stück schließlich überreichte, war er begeistert: »Herr Heinrichs, ich wusste, dass ich mich auf Sie verlassen kann und irgendwann ein solches Feuerzeug wieder in Händen halte.«

Obwohl sich das Ganze über zweieinhalb Jahre hingezogen hatte, war er zu keiner Zeit verärgert gewesen, sondern hatte nahezu grenzenloses Vertrauen in meine Hartnäckigkeit gesetzt. Karl Müller nahm das Feuerzeug mit nach Hause und legte es bestimmt dorthin, wo es immer gelegen hatte: in die Schublade zu dem goldenen. Dort liegt es, seit dieser Zeit zweifellos unbenutzt, wohl heute noch ...

Silbern zum Zweiten

Jahre später ließ sich Karl Müller bei einem Kölner Maßschneider einen Maßanzug machen. Alles war bestens – bis auf eines: Ihm gefiel nicht eine Knopfart, die der Maßschneider ihm für den Blazer unterbreitete.

Karl Müllers nächster Gang führte ihn dann in die Hahnenstraße: »Herr Heinrichs, ich finde für meinen neuen Blazer einfach keine passenden Knöpfe. Es gibt doch diese schönen von ›Dunhill‹ in massivem Silber, oder? Ich möchte, dass Sie mir die besorgen. Fünfzehn Stück brauche ich davon.« Ich machte ein etwas ungläubiges Gesicht, meinte dann aber: »Ich habe zwar noch nie Knöpfe verkauft, aber für Sie will ich da eine Ausnahme machen. Jedenfalls werde ich mein Bestes tun, damit Sie die Knöpfe bekommen, die Ihnen vorschweben. Eines kann ich Ihnen aber schon jetzt sagen: Das wird bestimmt nicht billig ...« – »Das macht nichts. Hauptsache, ich bekomme die Knöpfe, die ich haben möchte«, sagte er, ehe er wieder seinen obligatorischen Satz hinzufügte: »Herr Heinrichs, ich verlasse mich auf Sie ...«

Als erstes rief ich Peter Jörgensen, den Direktor von ›Dunhill Deutschland‹, in Hamburg an und beschrieb ihm den Knopf. Da Peter Jörgensen mir nicht helfen konnte, wandte er sich an ›Dunhill‹ in London. Doch dort konnte man ihm ebenfalls nicht helfen: Die besagte Knopfart war vor rund zehn Jahren aus dem Programm genommen worden – und folglich wurden diese Knöpfe auch nicht mehr hergestellt.

Kurze Rede, langer Sinn: Auf mein Drängen und das von Peter Jörgensen hin erkundigte sich ›Dunhill‹ bei einem Londoner Goldschmied, ob der bereit wäre, solch einen Knopf in fünfzehnfacher Ausfertigung nach einer Vorlage aus dem Museum von ›Dunhill‹ in massivem Silber anzufertigen. Der Goldschmied

Das Stammteam in Niederaußem. Von links nach rechts: Severin, Tanja, Traudchen, Sandra, Margret, Walter, Silke, Petra, Denise, Andreas

zeigte sich entgegenkommend und meinte, das ließe sich für umgerechnet vierhundert Mark machen – das Stück wohlgemerkt.

Diese Nachricht gab ich an Karl Müller weiter: »Die Knöpfe kann ich Ihnen liefern. Allerdings müssen sie von einem Goldschmied in London extra gefertigt werden. Insgesamt würde das sechstausend Mark kosten.« Der Kunde sah mich freudestrahlend an: »Das macht überhaupt nichts …«

Hatte mich die Operation »Massiv Silber« neben der investierten Zeit mehr als zweieinhalbtausend Dollar gekostet, so habe ich an dieser Aktion keine müde Mark verdient. Mehr noch: Außer Spesen war da für mich nichts gewesen – und die konnte ich noch aus meiner eigenen Tasche bezahlen. Gleichwohl war es für mich eine Selbstverständlichkeit gewesen, in beiden Fällen aktiv und »massiv« tätig zu werden. Deshalb brauche ich es wohl eigentlich auch gar nicht zu erwähnen, dass Karl Müller nach wie vor zu meinen treuesten Kunden gehört – und noch Anfang 2010 sagte er zu mir: »Das war und ist immer der Unterschied zwischen Ihnen und anderen Händlern: Sie konnten und können immer alles möglich machen …«

EPILOG

Wie man sich zur Marke macht

Im Prolog habe ich das Buch mit der Wiedergabe eines Vortrags begonnen, und ich denke, es ist keine schlechte Idee, es auf die gleiche Weise abzuschließen. Somit bilden die beiden Vorträge die Klammer zwischen den Inhalten und meinen Ausführungen, die Sie, so hoffe ich doch, mit Interesse gelesen haben.

Den folgenden Vortrag, zu dem ich vom Bundesverband einer Einzelhandelsbranche eingeladen worden war, habe ich Anfang Mai 2010 vor einigen hundert Einzelhändlern im niedersächsischen Hameln gehalten.

Fairerweise möchte und muss ich auch hier etwas Wichtiges erwähnen: Zwar stammen Ideen und Konzept zu diesem Vortrag von mir, doch für die gepflegte Wortwahl, die nicht mein Ding ist, hat ein mir seit vielen Jahren verbundener Journalist gesorgt. Außerdem hat er nach einigen passenden Zitaten gesucht und sie einfließen lassen, da sich beispielsweise Goethe und Kant bei solch einem Vortrag immer gut machen, zeugen sie doch von einer gewissen Allgemeinbildung, mit welcher der Vortragende glänzen kann. Ich selbst weiß zwar auch, wer Goethe ist, habe auch schon einmal von Immanuel Kant gehört, aber viel gelesen habe ich von dem deutschen Dichterfürsten nicht, und was mein Studium der Werke des Königsberger Philosophen angeht – darüber möchte ich lieber den Mantel des Schweigens decken ...

Wie man sich zur Marke macht

Als man mich bat, hier heute zum Thema »Wie man sich zur Marke macht« zu sprechen, sagte ich mit gemischten Gefühlen zu, denn über sich selbst als Marke zu sprechen bedeutet automatisch, sich selbst zu loben. Andererseits spreche ich gerne über mich – und ich lobe mich dabei natürlich auch ausgiebig.

Womit wir bereits mitten im Thema sind: Um mich selbst zur Marke zu machen, muss ich von mir selbst und von dem, was ich tue, überzeugt sein, ja, ich muss mich und das lieben, was ich mache und tue, denn nur auf diese Weise kann ich auch andere überzeugen: von mir als Person, von meinem Geschäft und von meiner Tätigkeit. Die besteht darin, dass ich Cigarren, Pfeifen und Tabak sowie die dazugehörigen Accessoires verkaufe.
In den letzten Jahrzehnten habe ich es also offensichtlich geschafft, mir einen Namen zu machen. Habe ich es also auch geschafft, mich zur Marke zu machen? Und: Ist Peter Heinrichs damit ein Markenname? Anscheinend schon, denn sonst hätte man mich sicherlich nicht eingeladen, um Ihnen heute davon zu erzählen. Außerdem ist der Name ›Peter Heinrichs‹ natürlich auch geschützt, unter anderem für meine eigene Cigarettenmarke.

Theorie ist gut, Praxis ist besser

Ich werde Ihnen heute mit Sicherheit keinen Vortrag zu Marke und Markenstrategie halten, denn wenn Sie zehn Bücher zu diesem Thema lesen, finden Sie mindestens ebenso viele Vorschläge und Konzepte, wie man eine Marke zu entwickeln und zu positionieren, sie zu pflegen und auszubauen hat. Ich darf Ihnen versichern, dass ich noch nie ein Buch zu diesem Thema gelesen habe. Warum? Weil ich für so etwas gar keine Zeit habe und mich lieber selbst zur Marke mache, als mir zeigen zu lassen, wie man das am besten schafft. Wie sagt schon Goethe in seinem Faust: »Grau, teurer Freund, ist alle Theorie und grün des Lebens goldner Baum.«
Trotzdem war es interessant, sich im Vorfeld meines Vortrags auch einmal ein wenig mit der Theorie zu beschäftigen – und wenn auch nur, um zu schauen, ob ich alles richtig gemacht habe oder welche Fehler mich nicht daran gehindert haben, zur Marke zu werden …

Juristisch gesehen ist eine Marke ein Warenzeichen, ein Name oder ein Symbol, mit dem Produkte gekennzeichnet werden, um ihre Einmaligkeit auszudrücken. Wer solch ein Produkt kauft, weiß in der Regel, dass er Qualität ersteht, eine Qualität, die er für gut befunden hat, weshalb er sich auch immer wieder für diese bestimmte Marke entscheidet. Werbung kann diesen Prozess begleiten und, wenn sie intelligent gemacht ist, natürlich unterstützen. Überzeugen muss letztendlich aber das qualitativ wertige Produkt selber. Denn erst dann wird aus diesem Produkt eine echte Marke, eine, welcher der Kunde vertraut und an die er sich nicht nur binden lässt, sondern zu der er aus eigener Überzeugung immer wieder greifen wird.

Doch die theoretischen Überlegungen führen uns vom eigentlichen Thema weg: Ich wurde nicht gefragt, wie man generell eine Marke schaffen, sondern wie man sich selbst zur Marke machen kann. Während ich Ihnen hierzu durchaus etwas erzählen kann, benötigt man in puncto Produktstrategie – so kam mir das beim Überfliegen und Durchblättern so manchen fachbezogenen Artikels jedenfalls vor – ein Studium der Volks- und Betriebswirtschaft. Ratsam wäre es auf jeden Fall. Damit kann ich leider nicht dienen, denn ich habe nur die Volksschule besucht und – das möchte ich hier unbedingt erwähnen – auch abgeschlossen.

Zurück also zu der Frage, die daran schuld ist, weshalb ich hier vor Ihnen stehe: Wie kann man sich zur Marke machen? Wenn mir jemand diese Frage stellt, reagiere ich hierauf mit einer Gegenfrage: Kann eine Person, kann ein Mensch überhaupt selbst zur Marke werden? »Du bist mir vielleicht 'ne Marke«, heißt es im Rheinland schon einmal zu jemandem, wenn dieser Jemand nicht in irgendeine denkbare Norm passt – sich eben nicht so verhält wie erwartet oder gewohnt. Auf unser Thema bezogen, heißt das: Man muss sich unterscheiden, in gewisser Art ein Stück weit einzigartig sein und somit seine Umwelt überraschen. Oder anders ausgedrückt: Man muss eine eigene Persönlichkeit haben, sie entwickeln und pflegen, zu ihr stehen und sie letztendlich auch für seine hoffentlich stets ehrenwerten Ziele einsetzen. Sie haben in Ihrem Bekanntenkreis doch sicherlich auch den einen und anderen Menschen, zu dem Sie teils kopfschüttelnd, aber auch anerkennend sagen könnten: »Du bist mir vielleicht 'ne Marke ...« Wenn dem so ist, dann können Sie leicht nachvollziehen, was ich meine.

Normalität sorgt nicht für Aufmerksamkeit

Im öffentlichen Leben beziehungsweise im Alltag begegnen einem ebenfalls Marken: Menschen, die auffallen, weil sie eben nicht stromlinienförmig und daher konturlos daherkommen. Einer meiner Freunde, der frühere Kölner Regierungspräsident Franz-Josef Antwerpes, nicht selten als »letzter Kurfürst von Köln« tituliert, übrigens ein begeisterter Cigarrenraucher, war dafür bekannt, dass er bei nächtlichen Geschwindigkeitskontrollen auf den Autobahnen höchstselbst mit der Polizeikelle vor Ort war und so manchen Verkehrssünder aus dem fließenden Verkehr gewunken hat; ›Daimler‹-Chef Dieter Zetsche wiederum fällt optisch durch seinen imposanten Schnauzbart auf; der Fernsehkoch Horst Lichter, ebenfalls ein guter Freund von mir, hat zwar auch einen Bart, der auffällt, aber viel mehr beeindruckt er durch seine einfache, ehrliche Art sowie seine Bodenständigkeit, zu der sich ein schlagfertiger Humor gesellt – und sorgt damit für gute Laune; der konservativ anmutende Gentleman Wolfgang Grupp propagiert als Inhaber der Firma ›Trigema‹ die Werte einer nachhaltigen Unternehmensführung gegenüber dem Streben nach dem schnellen Gewinn, setzt sich dabei auch immer für den Wirtschaftsstandort Deutschland ein; Angela Merkel, unsere Bundeskanzlerin, hat den Hosenanzug und die Jacke mit zwei, manchmal drei großen Jackenknöpfen wieder salonfähig gemacht; schließlich setzt die ›Grünen‹-Politikerin Claudia Roth mit farbenfrohen Kostümen und gefühlsbetontem Auftreten Akzente. Kabarettisten nehmen solche »Markenzeichen« oft als Anregungen für ihr Programm auf. Ob man diese Personen im Einzelnen nun mag oder nicht: Sie und andere haben sich selbst zum Markenzeichen entwickelt.

Der Fachbegriff hierfür lautet »Self Branding«. Er befriedigt nicht nur das Ego eines Managers beziehungsweise desjenigen, der mit »Self Branding« erfolgreich ist – in meinem Fall sprechen manche seit langem von einer ausgeprägten Profilneurose –, sondern fällt auch auf die Marke, das Produkt, die Partei oder die Show zurück. Wenn das auch bei einem Geschäft funktioniert und somit Umsatz und Gewinn gesteigert werden, ist es also durchaus sinnvoll, wenn man sich zur Marke machen kann. Doch wovon hängt die Wirkung einer Marke ab? Eine wichtige Entdeckung der letzten Jahre ist in diesem Zusammenhang die Emotionalität.

Erfolgreich sind die Marken, die starke Gefühle wecken: Ein Auto ist für viele mehr als nur ein Gegenstand, um mit ihm von A nach B zu gelangen. Ich zum Beispiel fahre leidenschaftlich gerne »Ente« und bin mit diesem Vehikel jahrelang von meinem Heimatort zu meinem Laden in Köln gefahren, bevor das Auto durch die Abgasprüfung fiel und ich mit ihm nicht mehr in die Kölner Innenstadt fahren durfte. Diese »Ente« verkörpert für mich ein ganz bestimmtes Lebensgefühl während eines ganz bestimmten Lebensabschnitts, wohingegen für andere wiederum ein Sportwagen prägend für jenes Gefühl ist. ›Coca-Cola‹ beispielsweise ist für den einen ein koffeinhaltiges, süßes Kaltgetränk und für den anderen eine Kultmarke. Die Werbung weiß um diese Umstände und Befindlichkeiten, weshalb sie seit jeher auf die Emotionalität zielt. Da ist zum einen der freiheitsliebende Cowboy, der, mit der Ciga-

Mit Franz-Josef Antwerpes, dem ehemaligen Regierungspräsident des Regierungsbezirks Köln, im Gespräch. Der (Freundschafts-)Dienst am Kunden, auch am langjährigen, ist nach wie vor der wichtigste Parameter unseres Erfolgs

rette einer bestimmten Marke zwischen den Lippen, durch die Prärie reitet, da ist zum anderen der »krönende« Filterkaffee, und da ist schließlich ein Sekt, der Götz George zu der Aussage animierte, man solle lieber »trocken trinken statt trocken feiern«.

Marke gleich Lebensgefühl? Ist diese Gleichung richtig? Sie geht auf, wenn ich meinen Kunden durch meine Produkte, ihre Präsentation und natürlich durch mein Auftreten ein besonderes Gefühl, besondere Reize vermitteln kann. Das Geheimnis, als Einzelhändler zur Marke zu werden, liegt übrigens nicht nur im Produkt, das man anbietet, sondern auch darin, wie man es in der Auslage und daneben im Geschäft optisch anbietet. In diesem Zusammenhang erinnere ich mich an eine Kundin, die bei uns mal Pfeifenfilter – ich meine, es wäre eine 100er-Packung gewesen – kaufte und kurze

Zeit später zurückkam, weil sie nicht wusste, was sie da erstanden hatte. Es war offenbar nur die einladende Präsentation des Produkts direkt an der Kasse gewesen, die sie zum Kauf bewogen hatte …
Der Inhaber eines Autohauses für exklusive Sportwagen hat es hier natürlich bedeutend leichter als unsereiner – allein schon deshalb, weil er ja ein Markenprodukt anbietet, das ihm Marken- und damit Selbstbewusstsein verleihen kann. Andererseits habe ich es selbst in der Hand, als Einzelhändler – und somit auch ein bisschen als Einzelkämpfer – erfolgreich zu sein, selbst wenn ich auf der einen Seite gezwungen bin, mich mit wirtschaftlichen Entwicklungen auseinanderzusetzen, oder mich auf der anderen Seite, wie derzeit in unserer Branche, genötigt fühle, mich gesellschaftlichen Strömungen entgegenzustemmen.

Der Vorteil des Exklusiven

Ich wurde einmal von einer Journalistin gefragt, was ich machen würde, wenn ich keine Pfeifen, keinen Tabak und keine Cigarren mehr verkaufen dürfte. Wissen Sie was? – Ich würde wahrscheinlich Besen verkaufen, und zwar Besen aus Südamerika, aus Afrika, aus Russland, also aus jedem Land dieser Welt. Da kämen ungefähr zehntausend Besen zusammen. Und ich würde diese Besen in meinem Geschäft in Köln und auch im Internet entsprechend präsentieren. Sie können davon ausgehen, dass sich innerhalb von zwei Jahren weltweit herumgesprochen hätte, dass es da in Köln einen Laden gibt, der alle Besen dieser Welt verkauft. Und da die Menschen ja immer über unterschiedliche finanzielle Mittel verfügen, würde mit Sicherheit ein vermögender Kunde, der gerne einen bestimmten Besen aus der Ukraine, aus Sibirien oder aus China haben möchte, diesen Besen bei mir bekommen. Ein Weiteres käme hinzu: Er würde sich mit absoluter Gewissheit nicht groß um-

schauen, ob er das Stück irgendwo billiger bekommen könnte, weil er ja glücklich wäre, ihn überhaupt kaufen zu können – und weil er wissen würde, dass er diesen ganz bestimmten Besen bei mir bekäme. Die Idee, Besen zu verkaufen, wird sicherlich irgendwann einmal jemand aufnehmen, und ich hoffe, dass ich es nicht werde sein müssen. Aber darum geht es nicht, sondern darum, dass es wichtig ist, etwas weltweit Einzigartiges zu schaffen.

Wenn Sie jetzt fragen: Warum Besen?, dann sage ich Ihnen: Besen braucht jeder Mensch. Der Villenbesitzer zum Beispiel will etwas haben, was sein Nachbar nicht hat – also kauft er sich einen sehr ausgefallenen Besen, weil er sich denken kann, dass sein Nachbar viel Mühe und noch mehr Zeit aufwenden muss, will er einen solchen oder einen noch ausgefalleneren Besen erwerben. Mit solch einem Besengeschäft hätten Sie eine marktbeherrschende Stellung. Aber Vorsicht: In dem Moment, in dem Sie sich entschließen, zusätzlich auch noch Scheuermittel, Schwämme und andere Produkte anzubieten, von denen Sie glauben, sie würden zum Besen passen, würde Ihr Absturz beginnen. Warum? Weil Sie dann kein Besenspezialist mehr wären, sondern ein Reinigungsspezialist. Damit kann man zwar auch Geld verdienen, aber mit Beginn der Erweiterung Ihres Angebots verlieren Sie augenblicklich Ihren Exklusivanspruch. Darüber hinaus sollten Sie eines bedenken: Wer zu viele Eisen im Feuer hat, dem werden mit Sicherheit einige kalt.

Wir haben nicht nur in Deutschland das Problem, dass sich in erster Linie Trendartikel durchsetzen. Das heißt für die Branche, in der ich tätig bin: Wenn heute die Cigarre gut läuft, setzen wir alle auf Cigarren und Humidore; läuft morgen die Cigarre schlechter und die Pfeife besser, reduzieren wir unser Cigarrensortiment, verfrachten den Großteil der Humidore ins Lager und bauen Pfeifenregale auf; und wenn wir übermorgen grüne Eichhörnchen haben sollen, dann haben wir eben grüne Eichhörnchen.

Nahezu jeder Tabakladen hat heute ein Angebot an Spirituosen, wie es früher nur ein Supermarkt aufweisen konnte. Auch hier werden wieder Fehler gemacht: Warum muss ich denn Weine und/oder Spirituosen anbieten, obwohl ich doch im Hinblick auf die großen Warenhausketten gar nicht konkurrenzfähig sein kann? Das Geschäft ›Peter Heinrichs‹ bietet mittlerweile neben Pfeifen, Tabak und Cigarren lediglich Rum an, hat sich aber derart darauf spezialisiert, dass es in Köln, einer Stadt, die immerhin knapp eine Million Einwohner hat, die größte Rumauswahl in puncto Qualität und Quantität bietet. Kompetenz und Auswahl sind also wichtige Kriterien, wenn es darum geht, sich zur »Marke« zu machen.

Etwas anderes, gleichwohl etwas sehr Wesentliches ist im Grunde genommen ganz einfach: Seien Sie freundlich zu Ihren Kunden. Sie haben es bei einem Ihrer Einkäufe sicher schon selbst erlebt, dass Sie zwar nicht unbedingt unhöflich, aber eben auch alles andere als zuvorkommend bedient worden sind, egal, ob Sie nun Pfeifentabak, Rum, Besen oder grüne Eichhörnchen kaufen wollten. Ich bin mir sicher, dass dieser Umstand an der falschen Wahrnehmung des Personals liegt: Von wem bekomme ich denn mein Gehalt, wenn ich beispielsweise in einem großen Supermarkt an der Kasse sitze? Das Bargeld, das mir der Kunde für seinen Einkauf in die Hand drückt, fließt jedenfalls in die Kasse des Konzerns, der mir mein Gehalt bezahlt. Dabei liegt die Lösung zum Zeitpunkt des Einkaufs auf der Hand: Der Kunde gibt mir sein Geld! Er ist es letztendlich, der mich bezahlt! Zu ihm muss ich freundlich sein, ihn muss ich dadurch überzeugen, seinen nächsten Einkauf wieder in dem Geschäft zu tätigen, in dem ich arbeite!

Auch wenn wir mit diesen Ausführungen mitten in der Praxis angekommen sind, erlaube ich mir hier dennoch einen kurzen Gedanken aus einem theoretischen Lehrbuch: »Unter Markenstrategie versteht man die Strategie eines Unternehmens zur Vermarktung seiner Produkte. Das betreffende Unternehmen versucht, sich mit seinen Produkten vom Wettbewerber zu unterscheiden und den Verbraucher dadurch an seine Produkte und damit an sein Unternehmen zu binden.«

Wie das funktioniert, erläutert uns schon der Philosoph Immanuel Kant mit seinem Kategorischen Imperativ. Hier haben wir es mit einer goldenen Regel zu tun, die, volkstümlich formuliert, schlicht und einfach besagt: »Was du nicht willst, dass man dir tu', das füg' auch keinem andern zu.« Auf uns im Einzelhandel gemünzt, heißt das: So wie du in einem Geschäft bedient werden möchtest, nämlich persönlich und zuvorkommend, fair und freundlich, höf-

lich und mit einer überzeugenden Kompetenz, so musst du auch deine Kunden behandeln. Eigentlich ganz einfach, oder?
Solange sich diese Einsicht im Einzelhandel aber nicht durchsetzt, bläht der Wind, der durch die viel zitierte Servicewüste Deutschland weht, immerhin die Segel desjenigen, der sich anders als andere verhält, unterstützt er den, der auffällt, der Emotionen wecken kann, auch wenn ein Kunde bei ihm vielleicht nur ein Päckchen Cigaretten kauft. Gerade in Krisenzeiten, die ja immer wieder vorkommen, kann eine solche Kundenbindung für einen Händler wortwörtlich Gold wert sein.
Ein kluger Mann hat es mal recht drastisch formuliert: »Der Kunde ist nicht König und auch nicht Kaiser: Er ist ein Gott, der über Tod und Leben deines Geschäfts entscheidet.« Ich stimme ihm zwar grundsätzlich zu, behandele meine Kunden jedoch anders: Sie sind bei mir ebenfalls keine Könige, denn so viele Monarchen würde unsere Republik nicht verkraften. Aber sie sind meine Freunde – übrigens unabhängig davon, ob sie ein Päckchen Tabak für zehn, eine Cigarre für zwanzig oder eine Pfeife für tausend Euro bei mir kaufen. Ich interessiere mich für meine Kunden und weiß daher, was sie wollen. Und ich weiß auch, dass ich ein Produkt habe, von dem sie noch gar nicht wissen, dass sie es wollen …
Zudem nehme ich mir Zeit für meine Kunden – was ich mir erlauben kann, denn ich stehe jeden Tag von sechs Uhr morgens bis zwanzig Uhr abends hinter der Kasse. Was ich damit sagen will: Ich bin als Peter Heinrichs, als Geschäftsführer des ›Hauses der 10.000 Pfeifen‹ in Köln für meine Kunden in einem solchen Maße da, wie ich für meine Freunde da wäre. Und das ist kein Werbegag, sondern entspricht der Wirklichkeit: Ich freue mich wirklich über jeden Einzelnen, wenn er in meine Geschäfte kommt. Und weil der Kunde das merkt, kommt er wieder, ist er der Marke ›Peter Heinrichs‹ treu.

Damit sind wir wieder bei der so enorm wichtigen Erkenntnis der Marketingforschung, sind wir bei der Bedeutung der Emotion. Meine Kunden sind meine Freunde, und sie sollen sich bei uns auch genau so fühlen, nämlich wohl. Das ist unser Markenzeichen. Das macht uns zur Marke: Meine Mitarbeiter und ich sind überzeugt von unserer Art, unseren Kunden gegenüberzutreten: persönlich und zuvorkommend, fair und freundlich, höflich und mit einer überzeugenden Kompetenz. Damit wiederhole ich mich zwar, aber wichtige Dinge kann man ja ruhig öfter sagen …

*

Damit schließt sich Kreis, der beim Prolog begonnen hat. Ich hoffe, Sie haben aus meinen Berichten, Erläuterungen und Erzählungen das eine und andere mitgenommen – und haben auch, was mir ein großes Anliegen ist, etwas Kurzweil beim Lesen gehabt.

Danksagung

An dieser Stelle möchte ich mich ausdrücklich bei all meinen Kunden und Freunden bedanken, die das vorliegende Buch erworben haben. Nicht zuletzt bedanke ich mich bei meinem Herrgott, der mir ein wunderschönes Leben geschenkt hat.

Verkosten wie ein Profi, Genuss und gute Unterhaltung garantiert

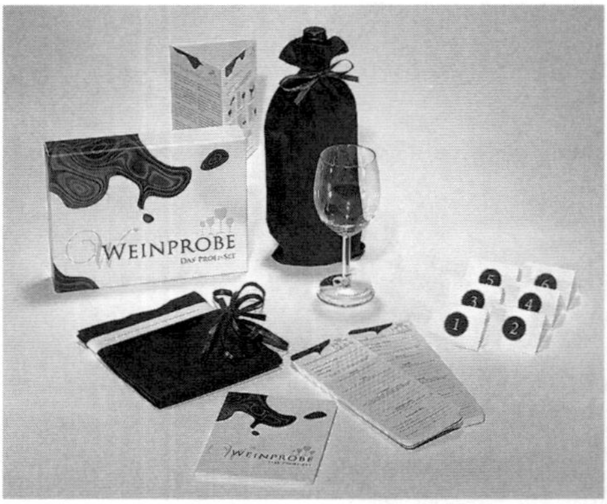

Brian St. Pierre/Karen Greenberg
Weinprobe
Das Profi-Set
Buch (64 Seiten)
6 Stoffsäckchen,
6 Nummernkärtchen
Karte Weinvokabular
Markierungsringe für Weingläser
4 Blöcke für Verkostungsnotizen
Edle Box
ISBN: 978-3-7716-4462-8
€ 24,95

Eine Weinprobe schult den Gaumen und ist für Weinlaien ebenso unterhaltsam wie für Connaisseure. Dieses Set enthält alles für den perfekten Gastgeber einer Weinprobe: Stoffsäckchen zum Verhüllen der Flaschen, Karten für Verkostungsnotizen, ein »Spickkärtchen« mit Weinfachausdrücken, Markierungen für die Gläser und ein informatives Buch, das in die Grundlagen der Weinverkostung einführt. Anlässe und Themen für eine Verkostung gibt es genug: Einige italienische Rotweine wollen verglichen werden oder Gäste bringen ihren Lieblingswein für eine Degustation mit ... Dann geht es ans Riechen und Schmecken, alle notieren ihre Eindrücke und vergeben ihre Punktwertungen. Genussreiche Unterhaltung ist garantiert – auch als Geschenk für alle, die den geistigen Genüssen auf der Spur sind.

Edition
Fackelträger